서툰 삶도 삶이니까

박아름 지음

프롤로그

나는 오래도록 결핍 속에서 자랐다. 늦은 밤까지 일하느라 지친 엄마의 얼굴, 운동회 날 운동장 한켠에서 할머니의 손을 꼭 붙잡고 서 있던 내 모습, 습하고 벌레도 많던 반지하 방. 그 몇 장면이 내 어린 시절을 설명한다. 다른 아이들에게는 너무나도 당연했던 풍경들이 내겐 늘 낯설었고, 그래서 더 부러웠다.

내게 대학이라는 단어는 허공에 떠 있는 그림자 같았다. 멀리서 빛나 보이지만 손에 닿지 않는, 애써 바라보려 하면 더욱 아득해지는 무언가였다. 대신 나는 칼과 도마를 붙잡았다. 어린 시절 마음을 뒤흔들었던 따뜻한 밥 냄새가 내 안에 남아 있었고, 언젠가 누군가에게 그런 한 끼를 내어주고 싶다는 바람으로 자라났다. 알바생으로 시작해 설거지와 잡일을 도맡으며 주방 구석에서 시간을 쌓았다. 불 앞에서 땀을 흘리고 손에 굳은살이 박여 갈수록, 내 삶은 조금씩 다른 방향으로 흐르기 시작했다.

알바생을 거쳐 매니저가 되었고, 결국 내 이름이 걸린 가게를 열었다. 스물셋, 모두가 무모하다 했던 나이에 나는 두려움과 설렘을 동시에 껴안고 문을 열었다. 그 문은 단순한 가게의 문이 아니라, 내 삶이 다른 장으로 넘어가는 시작이었다. 뒤돌아보면 그때의 선택은 치기 어린 도전이 아니라, 나를 나답게 살게 한 유일한 길이었다.

이 책은 화려한 성공담이 아니다.

누군가의 부러움을 살 만큼 큰 성취를 기록한 이야기도 아니다. 그보다는 결핍 속에서 어떻게 버텼는지, 불안 속에서도 어떻게 길을 찾았는지, 나답게 살기 위해 얼마나 흔들렸는지를 솔직하게 적어 내려간 기록이다. 흔들리면서도 다시 일어섰던 나날들의 자취, 그리고 여전히 흔들리면서 걸어가고 있는 나의 현재까지 담았다.

혹시 지금 이 글을 펼친 당신도 흔들리고 있다면, 내 이야기가 작은 위로가 되기를 바란다. 우리는 모두 각자의 그림자를 안고 산다. 때로는 그 그림자가 우리를 짓누르고 발목을 잡는다. 하지만 언젠가는 그 그림자가 또 다른 빛을 비추는 배경이 되기도 한다. 그림자와 함께 살아내는 과정 자체가 우리를 단단하게 만들기 때문이다.

나는 여전히 길 위에 있다. 불안도, 기대도 함께 안은 채로. 앞으로 어떤 길이 펼쳐질지 알 수 없지만, 나는 분명히 믿는다. 가장 나다운 선택들이 결국 나를 여기까지 데려왔다는 것을. 그리고 그 선택들이 앞으로도 나를 더 멀리, 더 단단하게 데려갈 것이라는 것을.

목차

프롤로그   4

1장 [어린시절의 그림자]

그림자 속에서도 반짝이던 순간들   12

공허와 웃음 사이에서   18

맑은 하늘과 내 마음의 먹구름   21

내게 대학은 선택지가 아니었다   24

그리움이 자라던 시간   28

2장 [떡볶이가게 알바에서 사장이 되기까지]

첫 알바, 떡볶이와의 인연   34

사장님의 제안   37

간판에 새긴 나의 이름   40

스물셋의 용기, 빚을 안고 출발하다   43

알바생에서 사장으로, 위치가 바뀌니 보이는 것들   46

불안과 설렘이 뒤섞인 첫 날   49

작은 행동으로 버틴 두 달   52

목차

3장 [가게에서 만난 특별한 사람들]

문을 열면 들어오는 이야기들	58
불편함이 남긴 가르침	62
함께 버틴 날들이 알려준 것	67
호칭 속에 숨어 있던 책임	72
힘들 때 버티게 해준 손님의 한 마디	75
이곳에서 알게 된 나의 진짜 모습	78

4장 [나다운 삶을 찾아가는 길]

친구들의 안정적인 직업과 비교하던 밤들	84
내가 선택한 불안정함의 가치	87
공부가 아니더라도 성공할 수 있다는걸 증명하고 싶었다	91
돈보다 더 소중한 가게의 의미	94
떡볶이집에서 내 인생의 방향성을 찾다	97
20대, 꿈을 현실로 만드는 중 입니다	100
결국 가장 나다운 선택이 가장 옳았다	103

목차

5장 [끝이 아닌, 또 다른 시작]

선택의 대가, 그리고 배운 것들　　　　　　　108

10년 뒤의 나에게 보내는 편지　　　　　　　111

나만의 방식으로 살아간다는 것　　　　　　　114

가게가 나에게 준 두 번째 이름　　　　　　　117

언젠가 가게 문을 닫는 날이 오더라도　　　　120

오늘도, 다시 출근　　　　　　　　　　　　　123

에필로그　　　　　　　　　　　　　　　　　126

어린시절의 그림자

그림자 속에서도 반짝이던 순간들

어린 시절의 기억은 늘 희미하고 아릿한 그림자처럼 흩어져 있다. 하지만 그 어스름 속에서도 이상할 만큼 선명한 한 장면이 있다. 다섯 살 무렵, 엄마와 쌍둥이 동생과 함께 밤길을 달리던 고속버스. 졸음에 눈꺼풀이 무겁게 내려앉던 나는 그게 여행이라고 믿었다.

커다란 창문에 이마를 붙이면 차창 밖 네온이 물결처럼 흘렀고, 엄마는 우리 머리칼을 쓸어내리며 "금방 도착해"라고 속삭였다. 아주 오랜 시간이 지나서야 알았다. 그날의 버스는 여행이 아니라 도망이었다는 것을. 집 안에 드리워진 폭력의 기척을 피해, 숨을 고르기 위해 달리던 밤이었다는 것을.

버스에서 내려 도착한 곳은 낯선 지방의 작은 여관. 눅눅한 공기가 방 안에 내려앉아 있었고, 형광등은 조금씩 깜빡였다. 며칠 뒤에는 엄마의 친구 집으로 옮겨갔다. 그 집에는 우리보다 서너 살 많은 남매가 있었고, 저녁이면 모두 거실에 모여 TV 앞에 둘러앉았다. 그때 처음 〈신의 괴도 잔느〉를 봤다. 반짝이는 변신 장면이 나오면 동생이 작은 손을 쥐어 흔들었고, 나는 등장인물 이름을 따라 불렀다. 이상하게도, 그 시간만큼은 방 안의 눅눅함이 잦아들었다.

엄마는 부엌에서 전자레인지에 종이컵을 넣고 기다렸다. 따뜻하게 부풀어 오른 컵케이크에 설탕을 솔솔 뿌려 건네주던 그 장면. 나는 아직도 그 향을 기억한다. 불안과 달콤함이 같은 접시에 담겨 오던 밤이었다.

서울로 돌아온 뒤에도 삶은 쉽게 방향을 바꾸지 않았다. 엄마는 새벽에 집을 나서 밤늦게 돌아왔다. 대신 우리 곁을 오래 지켜준 건 할머니와 사촌언니였다. 지방에서 올라온 후 약 두 달 정도 사촌언니의 신혼집에 얹혀 지낼 때, 언니는 퇴근길에 꼭 무언가를 사 들고 왔다. 뜨끈한 어묵국, 김이 모락모락 나는 밥, 잘게 썬 김치.

언니네 부엌은 늘 따뜻한 냄새로 가득했다. 오븐이 켜지면 공기 속에 퍼지는 머핀 반죽의 달달한 향이 금세 온 집안을 채웠다. 설탕이 살짝 눌어붙으며 만들어내는 그 향은, 마치 세상에서 가장 안전한 곳으로 나를 데려가는 신호 같았다. 나는 작은 머핀 컵에 반죽을 붓고, 반짝이는 초콜릿칩을 위에 뿌렸다.

오븐 문 너머에서 머핀이 천천히 부풀어 오를 때면, 세상 모든 걱정이 잠시 멈춘 것만 같았다. 부엌 창문 너머로 오후 햇살이 스며들었다. 따뜻한 공기와 오븐의 열기, 설탕과 버터가 섞인 향이 뒤엉켜 그 작은 부엌을 하나의 세상처럼 만들었다. 그때의 나는 아무 걱정도 없이 웃었다. 어쩌면 그 순간이, 내 어린 시절이 내게 남겨준 가장 다정한 장면 중 하나일지도 모른다.

어느 주말, 형부가 우리를 놀이공원에 데려가 주었는데 돌아오는 길에 차가 꽉 막히자 우리는 트럭 뒷좌석의 아주 작은 공간에 몸을 맞대고 꾸벅꾸벅 잠들었다. 그때의 우리 체구는 믿을 수 없을 만큼 작고 말라서, 둘이 포개져도 그 좁은 자리가 비좁지 않았다. 아마도 태어날 때부터 작았기 때문일 것이다.

우리는 미숙아였다. 병원 기록에 나는 1.68kg, 동생은 1.88kg로 남아 있다. 적십자병원 신생아실의 희뿌연 불빛 아래, 우리는 태어나자마자 인큐베이터에 들어갔다. "살리자." 의료진이 그렇게 말했다고 한다. 동생은 두 달 남짓, 나는 세 달이 넘은 시간이 지나고서야 유리 상자에서 세상으로 나왔다. 어릴 땐 감기 하나에도 폐렴으로 번지기 일쑤였고, 초등학교 6년 동안 개근상을 받아보지 못했다.

입원은 계절 행사처럼 찾아왔다. 동생이 일주일 입원하고 퇴원하면 내가 입원하고를 반복했다. 이제는 익숙해진 병동에서 낮에는 복도 구석의 공용 컴퓨터에 동전을 넣고 게임을 했다. 링거대에 손을 얹고 병동을 천천히 밀며 돌아다니면 그게 가장 빠른 씽씽카였다. 심심하면 엄마가 가져다준 스케치북에 그림을 그렸다. 밤이 되면 엄마나 할머니, 때론 사촌언니가 물수건과 과일을 들고 왔다. 고열이 나는 날엔 아이스크림을 조금 떠먹으며 열을 식혔다. 병실 창문 너머로 빌딩의 불빛이 켜졌다 꺼지기를 반복할 때, 나는 유리컵에 성에 내리는 소리를 듣는 사람처럼 조용히 숨을 골랐다.

학교에서는 늘 조용한 아이였다. 낡은 운동화 끈을 매만지며 교실 문턱을 넘을 때면, 바닥에서 끌리는 고무 밑창 소리가 유난히 크게 들렸다. 며칠째 같은 옷을 입고 온 날엔 "어제도 그거였잖아?" 하고 묻던 친구의 목소리가 오래 귀에 남았다. 그럴 때면 이유를 설명하기보다 웃어 넘기는 쪽을 택했다. 설명은 길고, 웃음은 짧아서. 대신 나는 다른 곳에 마음을 붙였다.

  급식판에서 피어오르는 김, 체육관의 먼지 냄새, 창틀에 기대 누군가가 지우개 가루를 털어내는 소리. 아주 작은 감각들이 내 하루를 지탱해 주었다. 그림자만 있었던 건 아니다. 어두운 터널을 지나면서도, 우리는 틈틈이 불을 켤 방법을 찾아냈다. 엄마는 새벽 일을 마치고 돌아오면 가장 먼저 부엌 불을 켰다. 그 불 앞에서 계란을 부치고 국을 데우는 동안, 엄마의 어깨에서 낮게 흘러나오는 한숨이 살짝 풀리는 걸 나는 알아챘다. 그 앞에서 '괜찮아'라는 말은 굳이 하지 않아도 됐다. 따뜻한 국물 한 숟갈이면 충분했다.

  몸이 약했기에 오래 달리지는 못했지만, 대신 오래 버티는 법을 배웠다. 병실에서 시간을 견디는 방법, 여관방과 친척집 사이를 오가며 낯선 이불에 금세 적응하는 법, 불쑥 치고 들어오는 불안을 달래는 작은 의식들이 모든 것이 나의 기본기가 되어 주었다. 그래서였을까. 세상이 내게 무언가를 주저 없이 내주리라는 기대를 일찍 놓아버린 뒤부터, 나는 오히려 작은 것들에 더 빠르게 감사할 수 있었다. 컵케이크가 전자레인지에서 부풀어 오르며 내는 '툭' 하는 소리, 놀이공원에서 집으로 돌아오는 길 트럭의 둔탁한 엔진 진동, 병실 소독약 냄새 사이로 섞여 들어오던 귤 향. 그런 사소한 기억들이 내 마음속 어두운 틈을 메웠다.

돌아보면, 그 시절의 나는 늘 무언가를 잃는 대신 다른 무언가를 배웠다. 잃은 것은 '안심'이었고, 배운 것은 '버티는 법'이었다. 무서울 때는 괜히 이불의 끝을 반듯하게 맞추곤 했다. 그 작은 움직임들이 두려움을 밀어내는 내 방식이었다. 어린 마음에 그것이 질서이자 평온이라 믿었고, 그 질서를 지키는 동안만큼은 세상이 조금 덜 흔들렸다.

지금도 가끔 묻는다. 나는 그때 불행했나?

대답은 늘 망설임을 지난다. 슬프고 무서웠다, 맞다. 하지만 그 모든 시간을 한 단어로 묶기에는, 그 사이사이 반짝이던 순간들이 너무 또렷하다. 엄마의 손에서 느껴지는 따뜻함, 언니와 형부가 만든 소소한 모험, 병실 복도를 달리던 링거대의 바퀴 소리까지. 어둠은 분명 내 삶의 배경이었지만, 그 위에 찍힌 작은 빛점들이 나를 여기까지 데려왔다.

이제 나는 안다. 그림자는 내 삶의 일부였고, 그림자 속에서도 반짝이는 것들은 늘 있었다는 사실을. 그 반짝임이 있었기에 나는 무너지지 않았고, 언젠가 내 손으로 내 공간의 불을 켤 수 있으리라는 믿음을 잃지 않았다.

그 믿음은 오랫동안 내 안에 머물렀고, 결국 나를 지금의 자리까지 걸어오게 했다. 어릴 적 밤버스의 흔들림과 여관방의 눅눅함, 병실의 차가운 공기 사이에서 조금씩 배어 나온 그 빛들은, 지금도 내 하루의 모서리를 천천히 밝혀 준다. 그리고 나는 그 빛들을, 오래도록 잊지 않을 것이다.

공허와 웃음 사이에서

초등학교 시절의 나는 겉보기에는 그저 평범한 아이였다. 성적도 무난했고, 특별히 문제를 일으키지도 않았다. 친구들과 함께 뛰놀며 깔깔 웃기도 했다. 하지만 속으로는 늘 작은 그림자를 안고 살았다. 가족 이야기가 오가는 순간만 되면, 나는 숨을 고르듯 조용히 고개를 끄덕이며 넘어가곤 했다.

말을 아낀 건 비밀을 감추려는 마음에서라기보다는, 내 안 어딘가에서 스스로 움츠러드는 힘 때문이었다. 친구들이 아무렇지 않게 "어제 엄마랑 영화 봤어", "아빠가 자전거 사줬어"라고 말하는 순간마다, 내 안에서 어떤 울림이 일어났다가 금세 사라졌다. 나도 따라 웃었지만, 웃음 뒤에는 말하지 못한 거리감이 늘 남았다.

그런 나에게 잊을 수 없는 순간이 찾아온 건 초등학교 3학년 때였다. 운동장에서 친구들과 뛰놀던 중, 몇몇 아이들이 장난스레 내게 말했다. "야, 너희는 고아잖아." 그 말은 농담처럼 툭 던져졌지만, 내 가슴을 찌르는 날카로운 가시 같았다.

나는 그 단어의 정확한 의미조차 알지 못했지만, 그것이 나를 향한 모멸의 언어라는 건 본능적으로 느낄 수 있었다. 순간 숨이 막히듯 답답해졌고, 머릿속이 하얘졌다. 아이들의 웃음소리가 뒤에서 따라왔지만, 나는 그 웃음이 내 어깨 위로 돌처럼 내려앉는 것만 같았다.

집으로 돌아온 후에도 그 단어는 머릿속에서 지워지지 않았다. 저녁밥을 차려놓고 분주히 움직이던 할머니를 바라보다가, 나는 조심스럽게 입을 열었다. "할머니, 우리… 고아야?" 그 순간 할머니의 손이 잠시 멈췄다. 나를 바라보는 할머니의 눈빛이 떨렸고, 짧은 침묵이 흘렀다. 곧 할머니는 낮고 잔뜩 화가 난 목소리로 말했다. "엄마랑 할머니가 있는데, 너희들이 왜 고아야. 누가 그런 소리를 했어?" 나는 할머니의 호통에 깜짝 놀랐지만 애써 아무렇지 않은 듯 "그렇구나!" 하고 웃어 보였다.

그날 밤 이불을 뒤집어쓴 채 잠을 청하려던 순간, 마음속 깊은 곳에서 설명할 수 없는 공허한 느낌이 일렁였다. 학교생활은 늘 그런 방식으로 나를 시험했다. 급식 배식 시간, 친구들의 엄마들이 돌아가며 급식을 나눠주는 날이면, 나는 일부러 시선을 돌리곤 했다. 운동회나 학예회 날에는 아이들이 엄마 손을 꼭 잡고 교문을 들어서는 모습이 유난히 빛나 보였다.

그 옆을 지나는 나는 언제나 할머니 손을 잡거나, 사촌 언니와 함께였다. 어린 나는 그것이 크게 이상하지 않았다. 하지만 시간이 지날수록 친구들의 시선과 질문이 쌓여 갔고, 나는 조금씩 작아지고 있었다. "너희 엄마는 왜 안 와?" 라는 단순한 물음조차도 내겐 무겁게 내려앉았다.

운동회 날, 친구들이 엄마가 정성스레 싸온 주먹밥을 들고 깔깔 웃을 때, 나는 언니가 정성껏 싸준 김밥을 꺼내 들었다. 맛은 분명 똑같이 따뜻했지만, 나는 괜히 몸을 돌려 그 모습을 감추려 했다. 그 작은 순간마다, 마음속에서는 묘한 두 갈래 길이 열렸다. 하나는 엄마를 향한 그리움, 다른 하나는 그런 엄마를 원망하지 않으려는 다짐이었다. 결국 나는 후자를 선택했다. 원망보다는 이해를, 미움보다는 연민을 택하는 쪽으로 마음을 굳혔다.

　그런 순간들이 쌓일수록, 나는 조금씩 세상을 다르게 보기 시작했다. 내게는 당연하지 않았던 것들이 누군가에게는 일상이 된다는 사실, 그 차이가 주는 외로움과 아픔. 그러나 아이러니하게도, 그 아픔 속에서 나는 더 단단해지고 있었다.

　그날 친구들의 장난스러운 말에서 비롯된 상처는 오랫동안 내 안에 남아 있었지만, 시간이 지나면서 그것은 단순한 상처가 아니게 되었다. 고아냐는 질문이 내 삶을 규정짓는 낙인이 아니라, 오히려 나를 더 크게 성장시키는 씨앗이 되었다. 나는 이제 안다. 그날 느낀 서늘함과 공허가 내 삶의 밑그림이 되어, 세상을 더 깊이 이해하는 눈을 열어주었다는 것을.

맑은 하늘과 내 마음의 먹구름

햇살이 유난히 뜨겁던 어느 봄날이었다. 중학교에 입학한 지 얼마 지나지 않았고, 아직 교실과 운동장이 낯설게 느껴지던 시기였다. 체육 시간, 운동장에는 아이들의 웃음소리와 피구공이 튀어 오르는 경쾌한 소리가 가득했다. 나는 공을 잡았다가 곧바로 다른 아이에게 던지고, 곧바로 경기에서 빠져나와 운동장 가장자리에 앉았다. 숨이 차서 쉬려던 건 분명했지만, 어느 순간 나는 다른 아이들과의 거리를 스스로 만들고 있다는 걸 깨달았다.

아이들은 한데 모여 앉아 손짓을 섞어가며 신나게 떠들었다. 누군가는 어제 본 예능 프로그램 이야기를 했고, 또 다른 누군가는 좋아하는 가수 얘기로 분위기를 달궜다. 웃음이 연이어 터져 나왔지만, 그 웃음소리 속에 나는 묘하게 낯선 사람이었다. 내 귀에는 그 웃음소리가 점점 멀어지는 듯 희미하게 들렸고, 내 몸은 같은 공간에 있으면서도 전혀 다른 장소에 있는 것처럼 고립되어 있었다.

나는 그들의 무리에 들어가고 싶었지만, 발걸음이 떨어지지 않았다. '저기서 무슨 이야기를 나눌까? 내가 들어가면 반겨줄까?'라는 생각이 머릿속을 스쳐갔다. 그러나 동시에 '혹시 내가 껴들면 분위기가 깨지지 않을까?'라는 두려움이 나를 붙잡았다. 결국 나는 그 자리에 앉아, 내 손바닥에 묻은 모래를 털며 의미 없는 동작으로 시간을 흘려보냈다.

그날 따라 하늘은 한없이 맑았다. 파란빛이 눈부시게 펼쳐져 있었지만, 내 안에서는 그와 정반대의 먹구름이 몰려들고 있었다. 아이들의 웃음과 대조되는 내 고요는 그날 더욱 선명했다. 나는 그제야 느꼈다. 아, 내가 이곳에 속하지 않는 사람일지도 모른다는 걸.

운동장 한편 그늘에 서서, 나는 아이들 사이로 들어가는 상상을 해보았다. 나도 저들처럼 장난을 치며 웃을 수 있기를, 자연스럽게 손뼉을 치며 어깨동무할 수 있기를. 하지만 상상은 상상일 뿐이었다. 내 발은 모래 위에 깊게 박혀 있었고, 그 발걸음은 앞으로 나아가지 못했다. 작은 주저함이었지만, 그 주저함은 이후에도 내 삶 곳곳에서 그림자처럼 따라다녔다. 사람들 사이에서 내 목소리를 내야 하는 순간마다, 나는 조금 더 조용히, 조금 더 신중히 행동하게 되었다.

그날 이후 나는 친구들 사이에서 자리를 찾기 위해 애썼다. 억지로라도 무리에 섞이려 해봤지만, 늘 보이지 않는 벽에 부딪히는 기분이 들었다. 그 벽은 다른 누구도 만들지 않았는데, 이상하게도 내 안에서만 높아져 있었다. 아이들과 웃고 떠드는 순간에도, 나는 가끔 '내가 여기 있어도 괜찮을까?' 라는 질문을 스스로에게 던졌다.

그러던 어느 날이었다. 우리 학교는 급식실이 따로 없어, 각 반

앞에 급식차가 배달되는 곳이었다. 4교시가 끝나기 직전, 선생님이 일찍 수업을 마쳐 주셨고, 앞문과 뒷문 중 어디로 줄을 설지 묘한 눈치 싸움이 돌았다. 보통은 앞문이 '국룰'이었지만, 그날은 이상하게 뒷문 쪽에서 배식이 시작됐다. 나는 우연히 그 자리에 서 있었고, 덕분에 줄 맨 앞에 서게 되었다. 하지만 그건 시작이었다.

순식간에 어깨가 밀렸고, 누군가가 말했다. "야, 원래 앞문부터야." 나는 아무 말도 하지 못했다. 손에 쥔 식판이 덜덜 떨렸고, 곧 줄 끝으로 밀려났다. 얼굴이 화끈거렸고, 눈물이 맺혔다. 그걸 본 아이들이 비웃듯 말했다."야, 그거 때문에 울어?" 나는 황급히 고개를 숙이며 대답했다. "스프가 뜨거워서 그래." 지금 돌이켜보면 어설픈 변명이었지만, 그때의 나는 그것 말고는 할 말이 없었다.

며칠 뒤 체육 시간, 운동장에서 나를 밀쳤던 그 친구가 장난이라며 돌을 던졌다. 다리에 스치고 지나간 돌은 별로 아프지 않았지만, 그 애들의 웃음소리가 이상하게 오래 귓가에 남았다. 그날 이후로 학교는 더 이상 안전한 곳이 아니었다. 나는 빨리 어른이 되고 싶었다. 어른이 되면 이런 일들은 더 이상 없을 거라고, 스스로를 위로하듯 다짐했다.

그날 운동장에서 느꼈던 고립감은 분명 아픔이었지만, 동시에 내 삶을 지탱해 줄 하나의 씨앗이었다. 나는 그때 알았다. 외로움은 단순히 버려진 감정이 아니라, 나를 단단하게 만드는 깊은 울림일 수 있다는 것을.

내게 대학은 선택지가 아니었다

나에게 대학은 처음부터 허공에 떠 있는 단어였다. 잡으려 해도 손에 닿지 않았고, 내 일상과는 전혀 연결되지 않았다. 친구들이 "대학교 가면 ○○ 하고 싶어"라며 자연스럽게 미래를 이야기할 때, 나는 그냥 고개만 끄덕였다. 그들이 말하는 대학 생활은 마치 TV 드라마 속 장면 같았다. 반짝거리는 캠퍼스, 노트북을 들고 자유롭게 오가는 학생들, 도서관 창가에 앉아 책을 읽는 모습. 하지만 그 모든 장면은 내 현실과는 너무도 멀었다.

쌍둥이었던 우리에게 수학여행이나 수련회 같은 행사조차 사치였다. 집에서는 늘 돈 이야기가 먼저였고, 용돈은 고사하고 학용품 하나도 쉽게 얻지 못했다. 그런 상황에서 '대학'이라는 단어는 내 삶에 끼어들 여지가 없었다. 그 단어가 내 머릿속에 들어올 자리를 찾기 전에 이미 '생존'이 그 자리를 차지하고 있었다.

고등학교 진학을 고민하던 시절에도, 나는 선택지가 없었다. '좋은 대학에 가려면 ○○고를 가야 한다'는 말은 나와 상관없는 얘기였다. 나에게 중요한 건 하루라도 빨리 돈을 벌 수 있는 길, 가족의 짐을 덜 수 있는 방법이었다. 그래서 특성화고를 택했고, 조리과를 지원했다. 이유는 단순했다. 기술을 배우면 어디서든 일할 수 있을 거라는 믿음. 적어도 굶어 죽지는 않겠다는 생각이었다.

그때부터 내 교과서는 달라졌다. 친구들의 책상 위에는 두꺼운 문제집이 쌓여 있었지만, 내 책상 위에는 칼과 도마, 조리 도구가 올려져 있었다. 남들이 성적을 올리기 위해 밤을 새울 때, 나는 실습실에서 칼질을 연습하며 손에 굳은살을 만들고 있었다. 성적표가 아닌 자격증이 나의 시험 결과였고, 주방이 나의 강의실이었다.

친구들이 문제집을 풀며 성적을 계산할 때, 나는 교통비와 휴대폰 요금을 먼저 따졌다. 엄마의 부담을 조금이라도 덜어야 한다는 생각에, 매달 나가는 고정비가 내 머릿속을 차지하고 있었다. 지갑 속 잔액이 오늘 하루를 버틸 수 있을지, 남은 돈으로 필요한 교재를 살 수 있을지 늘 셈이 멈추지 않았다.

그런 사소한 순간들이 쌓여, 내게 대학은 더더욱 멀어졌다. 누군가에겐 '당연히 가는 길'이었지만, 나에겐 점점 닫혀가는 문처럼 느껴졌다. 성적보다 먼저 돈을 따져야 했고, 시험지보다도 장부 같은 계산에 익숙해져야 했다. 그 시절 내 책상 위엔 문제집 대신 아르바이트 공고가 놓였고, 칠판에 적힌 수학 공식보다 '오늘 시급 × 근무 시간'이 훨씬 실감 났다.

고등학교 2학년 무렵, 학교 게시판에 기업 채용 공고가 붙었다. 단 두 명만 뽑는 자리였다. 그 순간, 마음이 두근거렸다. '드디어 내 차례가 왔다.'

나는 밤새 이력서를 다듬고, 선생님 앞에서 모의 면접을 수십 번 반복했다. 선생님은 "너라면 붙을 수 있다"라고 격려해 주었다. 그 말에 조금의 희망이 피어났다. 하지만 실제 면접장에서는 몸이 굳어버렸다. 질문이 이어질수록 목소리는 점점 작아졌고, 준비했던 문장은 하나도 나오지 않았다. 결과는 불합격.

사실 떨어진 사실 자체는 감당할 수 있었다. 다시 도전하면 되니까. 하지만 내 마음을 산산이 부순 건 면접이 끝난 후였다. 합격자 명단에 이름을 올린 한 친구가 내 앞에서 아무렇지 않게 말했다.

"나는 그냥 재미삼아 넣었는데, 붙을 줄 몰랐네. 아무나 뽑는 건 줄 알았어."

그 순간 나는 멍해졌다. 같은 자리를 바라보며 나는 모든 걸 걸었는데, 누군가는 '재미삼아' 지원한 것이었다. 나에게는 인생이 달린 절실한 무대가, 그녀에게는 가벼운 경험의 장난 같은 것이었다. 그 간극이 나를 철저히 무너뜨렸다. 나는 집으로 돌아오는 길에 신발이 땅에 닿을 때마다 심장이 내려앉는 기분을 느꼈다. 그날의 감정은 지금도 선명하다.

그 사건 이후 나는 대학뿐만 아니라, '당연한 미래'라는 개념 자체를 믿지 않게 되었다. 누군가에게는 보장된 듯 보이는 길이, 나에겐 너무도 멀리 있었다. 안정된 직장, 학위, 사회에서 인정받는 경력. 그런 것들은 내 손끝에서 늘 미끄러졌다. 그래서 나는 다른 길을 선택할 수밖에 없었다. 더 오래, 더 멀리 돌아가야 했고, 그 길은 늘 울퉁불퉁했다. 하지만 분명한 건 있었다. 내가 걷는 길 위에서, 적어도 나는 한 발자국도 허투루 딛지 않았다는 사실이다.

그리움이 자라던 시간

어릴 적 나는 세상이 불공평하다고 느끼지 않았다. 그건 단지 세상이 원래 그런 거라고, 어른들이 사는 방식이 그런 거라고 여겼다. 운동회 날 다른 아이들이 부모님의 손을 잡고 교문을 들어설 때, 나는 할머니와 사촌언니의 손을 잡고 걸었다. 그것이 부끄럽지는 않았다. 다만, 다른 아이들처럼 엄마를 기다리지 않아도 된다는 사실이 내 마음을 조금 서늘하게 만들었다.

엄마는 늘 새벽에 집을 나서 밤늦게 돌아왔다. 나는 그 이유를 물어본 적이 거의 없었다. 대신 내 안에서 나름의 이유를 만들었다. "엄마는 일을 해야 하니까, 지금쯤 바쁘겠지." 그 말은 서운함을 덮는 주문처럼 입안에서 맴돌았다. 그 시절의 나는 외로움보다 '이해'를 먼저 배운 아이였다. 엄마가 오지 않는 날들이 쌓일수록, 나는 더 단단해지고자 애썼다. 할머니가 차려주시는 밥을 먹고, 동생과 티비를 보며 집을 지키고, 집안 불을 끄고 잠드는 법을 익혔다.

그건 생존이 아니라 나만의 질서였다. 작은 질서를 세우면 세상이 덜 흔들리는 기분이 들었기 때문이다. 방 안의 불을 끄기 전, 나는 늘 창문 밖 골목을 바라보곤 했다. 불 꺼진 가로등 밑으로 드문드문 보이는 사람들의 그림자, 집집마다 새어 나오는 주황빛 불빛들. 그 따뜻한 빛 속에는 누군가의 저녁식사, 웃음소리, 식탁의 냄새가 있을 것 같았다. 나는 그 풍경을 조용히 바라보며 상상했다. '우리 집에도 언젠가 저런 밤이 올까.' 그렇게 하루하루를 버티던 어느 날, 졸업식이 다가왔다. 기대하지 않았던 날이었다. 늘 그랬으니까. 그런데 복도 끝에서 엄마가 꽃다발을 들고 서 있었다. 순간, 세상이 멈춘 것 같았다. 나는 어색하게 웃었고, 엄마는 피곤한 얼굴로 "고생했어"라고 말했다. 그 짧은 말 한마디가 너무 커서, 마음이 울컥했다.

그때 처음 알았다. 오지 않는 게 당연했던 사람이 어느 날 와 있을 때, 그 '있음'은 세상의 어떤 위로보다 큰 힘이 된다는 걸. 그 이후로 나는 '기대하지 않기'를 버릇처럼 배워갔다. 누가 나를 알아주지 않아도 괜찮다고 스스로를 다독였고, 사람의 마음은 결국 자신이 채워야 한다고 믿었다. 하지만 시간이 흐를수록 알게 되었다. 그 믿음 속에는 사실 외로움이 섞여 있었다는 것을. 나는 강해진 게 아니라, 어쩌면 견디는 법을 너무 일찍 익혀버린 아이였던 것이다.

친구들이 "엄마가 도시락 싸줬어" 하고 웃을 때면, 나는 괜히 그 이야기를 흘려들었다. 그들의 말 속에는 내가 모르는 세상이 있었다. 나는 모른다는 걸 티 내지 않기 위해 더 씩씩하게 웃었다. 그렇게 나는 점점 '괜찮은 아이'로 자라났다. 이제 와 돌이켜보면, 그 시절의 나는 세상의 불공평함을 깨달은 아이가 아니라, 그저 질문을 멈춘 아이였다. 왜 엄마는 오지 않는지, 왜 우리는 다르게 사는지를 묻지 않았다. 묻는다고 바뀌지 않는다는 걸 어렴풋이 알았기 때문이다. 그래서 나는 내 안에 아주 조용한 언어를 만들었다. "그래도 괜찮아. 언젠가 나도 나만의 방식을 찾게 되겠지." 그 말은 마치 작은 등불 같았다. 어둠이 짙을수록 그 불빛이 더 또렷하게 빛났다.

지금의 나는 그때의 나를 이해한다. 엄마의 부재 속에서도 웃으려 했던 아이, 외로움 속에서도 하루를 버텨냈던 아이. 그 아이가 있었기에 지금의 내가 있다. 그리고 어른이 되어 알게 되었다. 엄마 역시 나처럼 자신만의 싸움을 견디고 있었을 거라는 걸. 그녀의 침묵은 무관심이 아니라, 나를 먹여 살리기 위해 선택한 고요였을지도 모른다. 그 생각이 들자 오래된 원망이 조금씩 녹았다.

세상은 여전히 완벽하지 않지만, 나는 안다. 그 결핍 속에서 자라난 그리움이 결국 나를 사람답게 만들었다는 것을. 사람의 마음은 채워짐보다 비어 있음으로부터 자라난다는 걸 이제는 조금 안다. 그래서 나는 감사할 수 있다. 그때의 고요한 밤, 스스로 불을 끄고 이불을 덮던 어린 나에게. 그 작고 서툰 손이 내 삶의 첫 번째 빛이었다는 걸, 나는 지금에서야 비로소 깨닫는다.

떡볶이 가게 알바에서 사장이 되기까지

첫 알바, 떡볶이와의 인연

대학에 가지 않기로 결심한 것은 단순히 형편 때문만은 아니었다. 주변에 대학 졸업장을 갖고도 취업난에 허덕이는 사람들이 많았고, 그 모습을 보며 나는 일찍 사회에 나가 직접 돈을 벌겠다는 생각이 더 컸다. 하지만 현실은 생각보다 더 힘겨웠다. 처음부터 일이 순탄하게 풀리지 않았다. 아르바이트라도 시작하기 위해 면접을 보러 여기저기 돌아다녔지만, 번번이 떨어지기만 했다.

그러던 어느 날이었다. 여느 때와 같이 연락을 기다리며 핸드폰을 들여다보던 중 뜻밖에도 떡볶이 가게에서 오후 5시 30분까지 면접을 보러 오라는 메시지를 받았다. 나는 학교가 끝나자마자 서둘러 교복 차림으로 면접 장소로 향했다. 매장 문을 열자 "3층으로 올라가세요"라는 매니저의 말을 듣고 긴장된 마음으로 계단을 올라갔다. 텅 빈 3층에서 잠시 기다리자 젊어 보이는 30대 초반의 여자분이 들어와 면접을 시작했다. 하지만 긴장 때문이었을까? 경험 부족 때문이었을까? 이번 면접에서도 떨어지고 말았다.

이상하게도 이번만큼은 이렇게 끝내고 싶지 않았다. 면접에서 떨어진 경험은 이미 익숙했지만, 왜인지 이번에는 놓치고 싶지 않았다. 집으로 돌아가는 길, 간절한 마음을 담아 손을 떨면서 "정말 열심히 할 수 있으니 한 번만 더 기회를 주세요"라고 메시지를 보냈다. 전송 버튼을 누르는 순간, 손끝이 얼어붙은 것처럼 차가웠다. 그 진심이 전해졌는지 그날 저녁 다시 면접을 볼 수 있는 기회가 주어졌다. 이번에는 다른 남자분과 몇 마디 이야기를 나누자마자 바로 "오늘부터 근무할 수 있겠니?"라는 말을 듣게 되었고, 나는 곧바로 일을 시작했다.

그러나 첫 아르바이트는 생각보다 훨씬 더 힘들었다. 떡의 개수부터 오뎅의 무게, 심지어 설거지 방법까지 모든 것이 낯설고 어려웠다. 손이 느리다고 혼나기도 하고, 뜨거운 튀김기 기름에 데이기도 했다. 처음 보름 동안은 매일같이 죄송하다는 말을 달고 살았다. 그럼에도 이상하게 이곳이 싫지 않았다. 매장에서 실수하고 혼날 때마다 스스로가 참 바보같다는 생각이 들었지만, 동시에 나는 그 속에서 조금씩 성장하고 있었다.

그때는 몰랐다. 작고 사소하게 보였던 이 기회를 끝까지 붙잡은 선택이 내 삶을 바꾸는 결정적인 순간이 될 줄은 말이다. 당시에는 엄마에게 경제적 부담을 주지 않으려는 용돈벌이 정도로 생각했지만, 이 첫 번째 아르바이트는 결국 내 삶을 바꾸는 문 앞에 서 있던 것이었다. 직원이 되고, 매니저로 성장하기까지 수없이 많은 밤을 매장에서 보냈다. 작은 매장의 불빛 아래에서 밤늦게까지 꿈을 꾸었고, 때로는 좌절하며 눈물을 훔치기도 했다.

돌이켜보면 인생을 바꾸는 문은 늘 예상하지 못한 순간에, 가장 절실한 모습으로 찾아오는 법이다. 그날 떨리는 손으로 보낸 한 통의 메시지가 내 삶의 방향을 바꿨다는 걸 깨달았을 때, 나는 여전히 그때의 간절했던 마음을 잊지 않고 살아가고 있음을 알았다. 그리고 가끔은, 나에게 속삭인다.

" 그때 포기하지 않았기에 지금의 내가 있는거야. 정말 잘했다. "

사장님의 제안

첫 아르바이트를 시작했던 날의 공기는 아직도 생생하다. 기계가 돌아가는 소음, 튀김 냄새가 옷에 배어 나던 공기, 손님이 몰릴 때마다 정신없이 울리던 호출 벨 소리. 처음엔 모든 게 낯설고 버거웠지만, 퇴근길에 남은 건 피곤함보다도 묘한 충만감이었다. 누군가에게는 그저 생계의 한 조각이었을지 몰라도, 나에게는 "내가 뭔가를 해냈다"는 최초의 증거였다. 그 순간부터 나는 단순히 돈을 벌러 나온 아르바이트생이 아니라, 스스로의 삶을 움직여 나가는 사람으로 조금씩 변해가고 있었다.

시간이 흐르며 알바에서 직원, 직원에서 매니저로 올라가면서 책임은 눈에 띄게 무거워졌다. 발주 실수로 재고가 떨어지면 다른 지점에 뛰어가서 빌려오기도 했고, 직원들의 근무 스케줄 하나가 빗나가면 손님 응대에까지 영향을 주었다. 주방 뒤편에서 식자재 상자를 열어보며 머릿속으로 매출과 인건비를 동시에 계산해야 했고, 손님이 몰려드는 저녁 시간대에는 작은 실수가 큰 불만으로 이어졌다. 한 번은 손님이 쏟아낸 불평에 억울함보다도 깊은 무력감이 몰려왔고, 또 다른 날에는 "수고 많으시네요"라는 짧은 말 한마디가 눈물이 날 만큼 큰 위로가 되기도 했다. 그렇게 매일이 도전이자 훈

련이었다.

 1호점의 폐점으로 나는 2년 6개월 동안 몸담았던 공간을 떠날 수밖에 없었다. 낯설지만 새로운 곳을 찾아야 했고 다른 브랜드에서 다시 아르바이트를 시작했다. 그곳에서도 나는 차근차근 경험을 쌓아 직원이 되었고, 그 과정에서 다시 기회를 만나게 되었다. 2호점을 운영하던 채원 언니의 제안이었다. 그렇게 나는 새로운 무대로 옮겨갔다.

 다시 매장으로 돌아왔을 때, 나는 두려움과 안도감을 동시에 느꼈다. 손이 먼저 일을 기억하고 있었고, 몸은 예전보다 훨씬 익숙하게 움직였다. 그러나 익숙함만으로는 부족했다. 직원들과의 신뢰도 쌓아야 했다. 포스기가 고장 났을 때 직접 분해해 해결하고, 갑자기 결근한 직원 대신 홀을 뛰어다니며 손님을 챙기던 순간들 속에서 나는 단순히 매장을 '관리'하는 사람이 아니라 매장을 '살려내는' 사람으로 변하고 있었다.

 그 즈음 나를 유심히 지켜보던 채원언니가 어느 날 조용히 말했다. "너는 네 가게를 해도 될 것 같아." 그 말은 짧았지만, 내 안에서 오래 잠자고 있던 무언가를 깨웠다. '내 가게'라는 단어는 그날 이후 내 일상의 풍경을 전부 바꿔놓았다. 매장의 메뉴를 볼 때도 단순한 맛이 아니라 원가와 효율을 떠올리게 되었고, 손님의 반응을 관찰할 때도 단순한 피드백이 아니라 '시장 조사'로 기록했다. 장사의 동선 하나, 테이블 간격 하나조차도 유심히 살펴보며 노트에 빼곡히 메모했다. 퇴근 후 집에 돌아와서 매출표를 넘기며 피로에 눌려 잠드는 대신, 나는 하루 동안 새로 배운 것을 곱씹으며 다음 날의 계획을 세우곤 했다.

물론 현실의 벽은 높았다. 경험이 부족하다는 이유로 기회가 눈앞에서 사라지기도 했고, 내 능력과 상관없이 상위 결정자들의 한마디로 방향이 바뀌기도 했다. 어떤 날은 내 의지와 무관하게 일이 흘러가는 것 같아 숨이 막혔다. 하지만 그런 순간들이 오히려 내 결심을 단단하게 했다. 실패를 겪을수록 다시 준비했고, 좌절을 겪을수록 더 깊이 파고들었다. 그렇게 막연한 바람이 하나의 계획으로, 계획이 구체적인 행동으로 변해갔다.

2년 동안 치열하게 준비한 끝에 다시 찾아온 기회가 있었고, 이번에는 놓치지 않았다. 마침내 내 이름을 건 가게를 열었을 때, 나는 환희보다는 낯설게 다가오는 정적을 먼저 느꼈다. 손님이 들어오기 전 텅 빈 매장에 혼자 서서 불을 켜던 순간, 나는 스스로에게 속삭였다. "이제부터가 진짜 시작이다."

가게를 연 지금도 매일이 불안과 기대가 교차한다. 매출표는 여전히 마음을 조급하게 만들고, 손님의 표정 하나에도 하루의 기분이 달라진다. 하지만 이제는 안다. 아르바이트생으로 시작해 수많은 시행착오를 거쳐 여기까지 온 길 자체가 내 힘이라는 것을. 성공 여부와는 별개로, 나는 이미 이 삶을 내 손으로 붙잡고 있다. 그 사실만으로도 다시 하루를 버틸 이유는 충분하다.

간판에 새긴 나의 이름

밤마다 방 안 불을 끄고 누워도 잠은 좀처럼 오지 않았다. 휴대폰 화면을 스크롤 하면 끝없는 코로나 확진자 속보가 쏟아졌고, 기사마다 자영업자들의 어려움이 줄줄이 달려 있었다. 숫자와 한숨이 화면을 채우는 그 시간마다 나는 천장을 바라보며 계산기를 두드리듯 머릿속으로 장사를 시뮬레이션했다. 손님이 오지 않으면? 재료가 남아버리면? 직원은 어떻게 구하지? 꼬리에 꼬리를 무는 질문이 파도처럼 밀려왔고, 답은 없었다. 불 꺼진 방은 적막했지만 내 머릿속은 시장통처럼 시끄러웠다.

주변의 반응은 그 불안을 더 키웠다. "코로나 시국에 무슨 창업이야, 그냥 조금 더 기다려." 조언인지 경고인지 모를 말들이 쏟아졌다. 하지만 동시에 나를 밀어주는 목소리도 있었다. "너라면 할 수 있지. 네가 몇 년을 버텼는데 못할 게 뭐 있어." 그 말 한마디가 무겁게 내려앉은 내 가슴 속에 작은 불씨처럼 피어올랐다.

돌이켜보면, 두려움 속에서도 한 가지는 분명했다. 지금 이 기회를 놓치면 평생 후회할 거라는 직감. 수년간 같은 동작을 반복하며 손끝으로 체득한 감각이 있었고, 그 경험을 믿어주는 동료들이 있었다. 문제는 두려움이 아니라, 내가 언제까지 남의 간판 아래에서만 살 수 있겠냐는 질문이었다. 남의 꿈을 위해 뛰는 삶 대신, 내 이름을 내걸고 부끄럽지 않게 책임지는 삶을 살아보고 싶다는 갈망이 점점 커져 갔다.

결국 나는 결심했다. 더 이상 망설임은 사치였다. 며칠 밤을 꼬박 새우며 노트를 펼쳐 가게의 모든 것을 설계했다. 테이블 배치도 그려보고, 손님이 앉았을 때 어떤 동선으로 직원이 움직여야 할지도 계산했다. 단순히 음식을 팔겠다는 생각이 아니라, 이 공간 전체가 사람들의 기억 속에 남아야 한다는 마음이었다. 그래서 인테리어 색감, 벽에 걸릴 글귀, 조명 하나까지도 손수 고민하며 적어 내려갔다.

준비 과정은 생각보다 훨씬 고됐다. 페인트칠을 하다 보면 손목이 얼얼했고, 새벽까지 붙잡은 설계도 위에는 커피 얼룩이 자국처럼 남았다. 그래도 피로보다 더 크게 다가온 건 설렘이었다. 매장이 조금씩 변해가는 모습을 보며 "이게 곧 내 가게구나"라는 실감이 찾아왔고, 그때마다 어깨에 얹인 무거움이 순간만큼은 사라졌다.

그리고 마침내, 문을 열던 날 아침이 왔다. 간판 불빛을 켜고 의자를 정리하며, 나는 떨리는 손으로 첫 주문을 기다렸다. 공기에는 새 페인트 냄새와 함께 긴장된 고요가 감돌았다. 첫 손님이 문을 열고 들어와 메뉴판을 들여다볼 때, 나는 심장이 터질 듯 뛰는 걸 느꼈다. 그 순간 걱정과 두려움은 사라지지 않았지만, 그것보다 더 큰 감정이 몰려왔다. 내가 스스로 만들어낸 무대에 드디어 배우로 서 있다는 사실.

 돌이켜보면 그 선택은 무모했다. 코로나라는 거대한 파도가 여전히 몰아치던 시기에 배를 띄운 셈이었으니까. 하지만 동시에 그것만큼 내 삶을 내답게 만든 선택은 없었다. 매출이 들쭉날쭉해도, 손님이 없던 날의 불안이 몰려와도, 나는 이제 더 이상 뒤로 물러설 수 없는 자리에 서 있었다. 그리고 이상하게도 그 자리가 두렵기보다는, 오히려 가장 솔직하게 살아 있다는 감각을 주었다

스물셋의 용기, 빚을 안고 출발하다

스물셋, 나는 사장이라는 타이틀을 달고 가게 문을 열었다. 하지만 그 이름이 주는 묘한 뿌듯함은 길게 가지 않았다. 삐비빅. 아침 일찍 도어락을 누르는 소리마저도 마치 무게 있는 신호처럼 느껴졌다. '이제부터 모든 게 내 몫이다.' 매장 안에 들어서면 어제 치우지 못한 먼지 냄새와 새 페인트 냄새가 섞여 있었고, 테이블 위에는 영수증과 장부가 어수선하게 흩어져 있었다. 그 풍경은 화려함과는 거리가 멀었지만, 오히려 더 현실적으로 내 어깨 위에 얹힌 책임을 일깨워주었다.

내 또래 친구들이 캠퍼스를 거닐며 축제를 즐기고, 강의실에서 시험 걱정을 하며 연애 이야기를 나눌 때, 나는 장부 위에 고개를 파묻고 있었다. 송장 하나, 고지서 한 장이 내 하루의 기분을 좌우했다. 전기세 고지서를 뜯어 들여다볼 때마다 손끝이 차가워졌고, 카드 단말기가 "삑" 소리를 내며 승인될 때마다 그 소리 하나에 안도했다. 장부의 숫자는 냉정했고, 적자가 기록된 날은 밤새 잠을 설치게 했다.

가게를 운영한다는 건 단순히 음식을 파는 일이 아니었다. 원재료가 들어오는 순간부터 시작해, 손님이 자리를 떠나고 의자가 원래 자리에 돌아가기까지 하루의 흐름 전체를 관리하는 일이었다. 발주를 잘못 넣어 채소가 상해버린 날, 나는 분노와 허탈감 사이에서 몇 시간을 멍하니 앉아 있었다. 알바생이 갑자기 그만두겠다고 했을 땐, 예정된 스케줄을 손수 메꾸기 위해 하루 종일 뛰어다녀야 했다. 손님이 없는 오후에는 텅 빈 의자들이 나를 조용히 압박했고, 매출표를 보며 '이대로라면 한 달을 어떻게 버티나'라는 계산을 머릿속에서 수십 번 되풀이했다.

그럼에도 내 마음을 붙잡아 준 건 뜻밖의 순간들이었다. 한 단골손님이 "사장님, 여기 떡볶이는 이상하게 먹고 나면 기분이 좋아져요"라고 말해준 날, 나는 눈물이 날 뻔했다. 작은 칭찬 하나가 고지서 몇 장의 무게보다 더 큰 위로가 되었다. 연인에서 부부가 된 손님이 이젠 아이와 함께 오시는 모습을 볼 때는, 비록 작은 가게지만 누군가의 기억에 남을 수 있다는 사실에 마음이 벅찼다.

물론 불안이 사라진 건 아니었다. 오히려 불안은 매일 나를 따라다녔다. 장사가 잘되는 날조차 '내일은 어떡하지'라는 두려움이 곧바로 찾아왔다. 빚은 여전히 내 어깨를 짓눌렀고, 계좌 잔고가 바닥을 드러낼 때면 심장이 내려앉았다. 때로는 이 모든 상황이 내 의지와 상관없이 흘러가는 것처럼 느껴지기도 했다. 하지만 한 가지는 분명했다. 이 길은 누가 대신 선택해 준 길이 아니라, 내가 스스로 선택한 길이라는 것. 그 사실 하나가 나를 버티게 했다.

스물셋의 나는 겁이 많았지만, 동시에 그 겁을 넘어설 만큼 무모한 용기도 있었다. 누구보다 먼저, 누구보다 거칠게 현실을 마주해야 했지만, 그 사실이 후회로 바뀌지는 않았다. 다른 친구들이 안전한 강의실에 앉아 있을 때, 나는 매장의 열기와 소음 속에서 하루하루를 배웠다. 내 삶의 교과서는 칠판이 아니라 전기세 고지서였고, 내 성적표는 매출 그래프였다.

밤이 깊어 매장을 정리하고 불을 끄면, 텅 빈 가게 안에 남겨진 의자와 테이블이 마치 조용한 시험관처럼 나를 바라보았다. 그 적막 속에서 나는 두려움과 설렘을 동시에 느꼈다. 불확실한 내일은 여전히 두렵지만, 내 이름이 적힌 간판 아래 서 있다는 사실만큼은 현실이었다. 나는 여전히 흔들렸지만, 그 흔들림 속에서 나만의 리듬을 조금씩 찾아가고 있었다. 그것이 스물셋의 사장이 된 내가 매일을 버틸 수 있었던 가장 솔직한 이유였다.

알바생에서 사장으로,
위치가 바뀌니 보이는 것들

 우리 사장님을 포함한 많은 사장님들이 자주 하셨던 말이 있었다. "너도 사장 되면 다 알아~" 농담처럼 던지던 그 말을 들으며 당시 나는 웃어넘기곤 했다. 알바생과 매니저였던 내게 사장이라는 위치는 단지 책임이 조금 더 커지는 정도라고 생각했었다. 내가 이미 열심히 일을 하고 있는데, 사장이 된다고 크게 달라질 게 있을까 싶었다. 하지만 막상 사장이 되고 나니, 그 말이 농담이 아니었다는 걸 뼈저리게 깨달았다.

 하루하루가 결정을 내려야 하는 연속이었다. 메뉴 가격을 올릴지 말지, 거래처 단가를 그대로 유지할지 조정할지, 세무사님과 노무사님을 만나 세금·급여·근로계약 문제를 어떻게 처리할지… 하나하나가 전부 매출과 직결되는 문제였다. 특히 날치알 가격 인상 통보를 받았을 때가 아직도 기억난다. 박스당 적게는 30,000원부터 많게는 100,000원까지, 1년에 세 번이나 인상이 되기도 했다. 매일 수십 개가 팔리는 메뉴라면 한 달 후 재료비에 큰 영향을 준다. 계산기를 두드리면서 '이 가격을 올려야 하나, 아니면 내가 마진을 줄여야 하나'를 수십 번 고민했다. 직원일 때는 전혀 보이지 않던 숫자들이, 이제는 내 손끝에서 살아 움직였다.

　은행도 자주 가야 했다. 대출 상환 계획을 조율하고, 통장 거래 내역을 확인하며 하루 매출 흐름을 살폈다. 거래처에 입금할 때는 시간과 금액을 정확히 맞추기 위해 스케줄표를 만들어 체크했다. 예전에는 단순히 지시받은 업무만 성실히 수행하면 그만이었다. 이제는 모든 결정이 내 손에 달렸다는 점이 오히려 부담스럽게 느껴졌다. 문제가 생길 때마다 누구에게도 책임을 미룰 수 없다는 사실이 때론 고통스럽기까지 했다. 직원들이 내게 "사장님"이라고 부를 때마다 묘한 책임감과 함께 무거운 압박이 느껴졌다.

　직원과의 관계도 생각보다 훨씬 복잡했다. 함께 웃으며 일하고 싶지만, 어느 순간부터는 월급을 주는 '사장'과 받는 '직원'의 경계가 생겼다. 실수를 지적해야 하는 상황에서는 마음이 무겁고, 그렇다고 아무 말도 하지 않으면 가게가 흔들린다. 좋은 사람이 되는 것보다, 좋은 리더가 되는 게 더 어렵다는 걸 뼈저리게 느꼈다. 하루 매출이 잘 나오는 날에도, 직원 한 명의 표정이 어두우면 왠지 모르게 마음 한구석이 무거워졌다. 그제서야 예전 사장님들이 왜 그렇게 조심스러웠는지 이해할 수 있었다. 사장이 된다는 건 결국 사람의 마음까지 함께 책임지는 일이라는 걸 알게 되었다.

　직원일 때는 사장이 되면 모든 권한과 자유가 생길 것 같았는데, 실제로는 혼자 감당해야 할 일이 훨씬 많았고 더 고독했다. 가게를 나서고 문을 닫는 순간에도 끝나지 않는 고민들이 머릿속에서 끊임없이 맴돌았다. 하지만 그러면서도 하나씩 눈을 뜨고 알아가는 순간들이 있었다. 이전에 사장님들이 왜 그렇게 신중하게 결정을 내리고, 작은 숫자 하나에도 민감하게 반응했는지 이해할 수 있게 되었다. 알바생이나 직원의 눈에는 결코 보이지 않았던 것들이었다.

때때로 모든 걸 내려놓고 다시 직원으로 돌아가고 싶다는 생각이 들 때도 있었다. 그럼에도 내가 만든 이 작은 세계를 내 방식대로 이끌어갈 수 있다는 사실은 특별한 즐거움이었다.다른 이의 결정이 아닌, 오롯이 나의 판단과 노력으로 가게를 만들어 간다는 그 경험 자체가 내게 새로운 의미를 주고 있었다. 그리고 시간이 흐를수록 깨달았다.

사장이 된다는 건 단지 장사를 잘하는 법을 배우는 일이 아니었다. 그건 사람의 마음을 배우는 일이었고, 불안과 책임을 견디는 일이었다. 언제나 불안정하고 흔들리지만, 그 불안 속에서도 방향을 잃지 않으려 애쓰는 과정이었다. 누군가의 말처럼, 진짜 어른이 된다는 건 돈을 버는 게 아니라 책임을 배우는 일이라는 걸 나는 매일의 장사 속에서 배워가고 있었다.

이제는 조금 알 것 같다. "너도 사장 되면 다 알아~" 그 말 속에는 결국, 고단하지만 단단해지는 성장의 시간이 담겨 있었다.

불안과 설렘이 뒤섞인 첫 날

가게 문을 열던 첫날 아침, 문을 여는 순간, 한여름의 열기가 후끈하게 밀려들었다. 에어컨을 켜도 금세 다시 끈적한 공기가 매장을 채웠다. 가게 안은 정리되어 있었지만, 어딘가 낯선 적막이 감돌았다. 전날까지 남아 있던 마른 페인트 냄새와 새 가구의 나무 향이 섞여, 익숙하면서도 낯선 공간의 냄새가 났다. 커피를 한 모금 들이켜도 입 안에서 느껴지는 건 쓴맛뿐이었다. 설렘은 생각보다 오래가지 않았고, 오히려 '오늘 내가 잘 할 수 있을까?'라는 질문이 머릿속을 가득 메웠다.

평소보다 일찍 도착해 매장 구석구석을 다시 점검했다. 의자의 각도를 바꾸고, 테이블 간격을 조금 더 넓혀보고, 메뉴판 위치를 옮겼다가 다시 제자리로 돌려놓았다. 사소한 변화 하나가 손님에게 어떤 인상을 줄지 몰라 몇 번이고 자리를 옮겨 다녔다. 냉장고 소음마저 크게 들리던 그 아침, 나는 나도 모르게 숨을 참으며 모든 걸 조율하고 있었다. '이제 완벽해'라고 속으로 말했지만, 문을 열 시간이 다가오자 심장은 고장 난 드럼처럼 요동쳤다.

드디어 첫 손님이 문을 열고 들어왔다. 낯선 발걸음 소리에 숨을 고르고, 온 힘을 다해 환한 미소로 "어서 오세요!"라고 인사했다. 손님은 매장을 천천히 둘러보더니, 벽에 걸린 작은 장식과 새로 칠한 색감을 유심히 살폈다. 그리고 내 쪽을 보며 웃었다. "와, 새단장하셨네요. 가게가 훨씬 아늑하고 따뜻해졌어요." 순간 목이 메었다. 내가 며칠 밤을 새워 바른 페인트, 손끝에 남아 있던 물집, 색감 하나를 고르느라 몇 번을 갈아엎었던 고민들이 그 한마디에 모두 보상받는 듯했다. 손님은 아마 알지 못했을 것이다. 그 짧은 말이 내 안에서 얼마나 크게 울렸는지.

그 순간, 이 공간이 단순한 '가게'가 아니라 '내가 꾸린 집'처럼 느껴졌다. 사람의 발자국이 처음 찍힌 방 안에서 나는 비로소 숨을 돌렸다. 처음으로 커튼 사이로 들어오는 햇살이 예쁘다고 느꼈고, 오래 준비한 간판의 빛이 따뜻하게 번져 보였다. '아, 이제 정말 시작이구나.' 마음 한쪽에서 무겁게 눌러 있던 돌이 천천히 굴러내리는 느낌이었다.

손님이 자리에 앉아 메뉴를 고르는 동안, 나는 문득 깨달았다. 가게라는 공간은 단순히 장사의 수단이 아니었다. 내 선택과 흔적이 쌓여가는 장소였고, 누군가가 그 흔적을 알아봐 준다는 사실은 그 어떤 매출보다 값졌다. 첫 손님의 웃음과 칭찬은 장부 어디에도 기록되지 않는 수익이었고, 오래도록 마음속에 남을 자산이었다.

그날 이후로 나는 매장을 바라보는 시선이 달라졌다. 단순히 메뉴를 준비하고 계산을 맞추는 공간이 아니라, 매일이 시험이고 동시에 새로운 시작이 되는 무대였다. 의자를 정리할 때도, 전등을 켤 때도, 문을 닫을 때도 내 마음가짐은 전과 달랐다. 손님의 말 한마디가 내 하루의 무게를 바꾸고, 작은 미소 하나가 다시 다음 날을 버틸 힘이 되었다.

첫날의 불안은 완전히 사라지지 않았다. 오히려 지금도 손님이 없는 시간대에는 똑같은 두려움이 찾아온다. 하지만 이제는 안다. 그 불안이야말로 내가 여전히 이 일을 진심으로 대하고 있다는 증거라는 걸. 불안과 설렘이 함께 섞여야 비로소 이 공간이 살아 움직인다. 그래서 나는 오늘도 문을 연다. 도어락 소리가 더 이상 무겁게만 들리지 않는 이유는, 그 소리 속에 내 어제의 두려움과 내일의 기대가 동시에 섞여 있기 때문이다.

작은 행동으로 버틴 두 달

첫 달은 공사 때문에 제대로 영업한 날이 2주도 채 되지 않았다. 장부를 열어보는 순간 적자가 선명하게 찍혀 있었고, 계산기를 두드릴 때마다 잔고는 끝없이 줄어들었다. '다음 달에는 나아지겠지' 하고 애써 다독였지만, 두 번째 달 말일이 다가오자 새로운 벽이 앞을 가로막았다.

식재료 대금, 임대료, 전기세, 직원 월급. 모두가 같은 시기에 한꺼번에 나가야 했는데, 막 개설한 사업자 통장은 하루 송금 한도가 고작 100만 원이었다. 한도가 풀리기까지는 최소 석 달, 길면 반년이 걸린다 했다. 그 순간 나는 마치 좁은 통로에 갇혀 숨구멍이 막힌 사람처럼 느껴졌다.

더 큰 문제는 추석이었다. 연휴가 다가오자 거리는 차분히 비어갔고, 은행 창구는 문을 닫았다. 10일 동안 매출 입금은 끊겼고, 계좌에서는 돈이 새어나가야 했다. 거래처에서는 "이번 주 안에 꼭 부탁드립니다"라는 연락이 하루에도 몇 차례씩 쏟아졌다. 직원 월급일도 성큼 다가왔다. 하루 한도에 걸려 송금을 쪼개 하려니, 마치 무거운 짐을 작은 바구니에 나눠 담아 날라야 하는 기분이었다. 속도는 더디고, 불안은 쌓여만 갔다.

숫자는 무심했고, 나는 그 숫자들 앞에서 한없이 작아졌다. 은행 창구에 가서 사정을 설명하며 "정말 급한 상황이라, 조금만 풀어주시면 안 될까요"라며 고개를 숙였지만, 돌아오는 대답은 차가웠다. "규정상 어렵습니다." 되돌아오는 길, 거리는 한산했고, 연휴 특유의 정적은 오히려 내 불안을 더 크게 울렸다.

그럼에도 가게 문은 매일 열어야 했다. 문을 닫는다는 선택지는 애초에 없었다. 손님이 들어서면 나는 최대한 환한 미소로 인사했고, 음식이 나가는 동안만큼은 고민을 내려놓았다. 그러나 계산대 뒤로 돌아서면 다시 다른 얼굴이 되어야 했다. 머릿속에서 송금 순서와 날짜가 빙빙 돌았다. 손님이 없는 시간에는 재료를 정리하다가도 휴대폰 메모장에 송금 계획표를 적었고, 청소를 하면서도 눈길은 장부로 향했다.

하지만 이상하게도 나는 그 상황에 완전히 무너지지 않았다. 좌절에 오래 머물면 몸이 먼저 굳어버리니, 차라리 작은 행동으로 하루를 지탱하는 게 나았다. 그래서 매일 아침 조금 더 일찍 가게에 나와 문 앞을 쓸었다. 바람이 불어 낙엽이 몰려들어도, 담배꽁초가 나뒹굴어도, 손님이 들어올 때만큼은 깨끗한 바닥과 상쾌한 공기를 마주하게 하고 싶었다. 재료 준비도 마찬가지였다. 파 한 단을 다듬을 때도, 양배추를 썰 때도 평소보다 더 정성 들여 손질했다. 그렇게라도 내 하루의 리듬을 만들지 않으면 불안이 금세 나를 집어삼킬 것 같았다.

손님이 찾아와 자리에 앉으면, 나는 그들의 표정을 유심히 살폈다. 누군가는 허겁지겁 끼니를 때우러 왔고, 또 누군가는 아이와 함께 작은 행복을 나누러 왔다. 그 순간만큼은 내 걱정이 아니라 그들의 만족이 우선이었다. 음식이 나가고 "잘 먹었습니다"라는 말이 돌아올 때, 그것이 곧 내 하루의 안도감이 되었다. 매출보다 더 확실하게 가슴을 채우는 건 그 짧은 한마디였다.

물론 불안은 여전히 사라지지 않았다. 손님이 없는 오후 시간, 빈 의자와 테이블을 바라보면 다시 질문이 떠올랐다. "정말 잘한 선택이었을까?" 그러나 곧 떠오르는 것은 전에 들었던 손님들의 따뜻한 말들이었다. "여기 오면 기분이 좋아져요." "사장님이 직접 해주셔서 그런지 더 맛있네요." 그 기억이 다시 나를 움직이게 했다. 기억이 빛보다 강했고, 불안보다 오래 남았다.

첫 두 달은 그렇게 불안과 버팀이 뒤섞인 시간이었다. 나는 매일 문을 열며 다짐했다. 오늘은 조금 더 나아질 수 있을 거라고. 그 다짐은 결코 장밋빛 희망이 아니라, 벼랑 끝에 매달린 사람이 손톱으로 바위를 움켜쥐듯 매달린 믿음이었다. 믿음이 있었기에 몸은 움직였고, 움직임이 쌓여 하루가 채워졌다. 그렇게 나는 여전히 버티고 있었다. 불확실한 내일이 두렵더라도, 오늘만큼은 내 손으로 가게를 지켜내겠다는 마음 하나로.

가게에서 만난 특별한 사람들

문을 열면 들어오는 이야기들

가게를 운영하다 보면 수많은 손님들이 스쳐 지나가지만, 그중에는 유난히 기억에 오래 남는 사람들이 있다.

늘 같은 메뉴를 시키던 단골 손님 해인님도 그런 분 중 하나였다. 메뉴판을 들여다보는 시간이 필요 없을 만큼 늘 똑같은 주문, 그래서인지 어느 날 나는 자연스럽게 웃으며 말을 걸었다.

"앗, 자주 오시죠?" 그 작은 인사에서 시작된 대화는 점점 길어졌고, 가끔은 음식이 나오기 전 짧은 스몰토크가 이어졌다. 그분은 연인과 함께 오곤 했는데, 나도 모르게 그들의 얼굴이 익숙해졌다. 늘 같은 자리에 앉아 나누던 대화와 웃음소리가 어느새 가게의 풍경 중 하나가 되었다. 그러다 어느 날부터인가 발길이 끊겼다. 문득 '왜 안 오시지?' 하는 궁금증이 남았지만, 일상 속에 묻혀 그냥 그렇게 시간이 흘렀다.

그리고 어느 저녁, 오랜만에 문이 열리고 그분이 들어왔다. 나는 반가운 마음에 웃으며 물었다. "정말 오랜만에 뵙네요. 요즘 왜 이렇게 안 오셨어요?" 그분은 잠시 웃더니 대답했다. "결혼했어요. 하남으로 이사를 가서 자주 못 왔네요." 그 순간, 마음이 묘하게 벅차올랐다. 연인으로 함께 오던 모습이 떠올랐고, 이제는 부부가 되어 내 앞에 서 있다는 사실이 낯설고도 따뜻했다. 결혼식에 가지 못한 아쉬움은 남았지만, 내 가게가 그들의 연애 시절의 기억 한 조각을 품고 있었다는 사실이 위로처럼 다가왔다.

또 다른 단골 손님인 은별님을 기억하게 된 건, 몇 번 마주치다 보니 자연스레 "자주 오시죠?" 하고 말을 건넸고 그때부터 짧은 인사가 오가며 조금씩 친해졌다. 어느 날은 내가 감사한 마음에 음료를 서비스로 드렸는데, 그분은 식사를 마치고 나서 스타벅스 음료를 건네주셨다. 내가 처음으로 자몽허니블랙티라는 걸 맛본 날이었다. 달콤쌉싸래한 맛이 입안에 오래 남았고, 그 순간이 묘하게 따뜻하게 기억되었다.그 후로도 몇 번 더 오실 때마다 짧은 대화를 나누며 안부를 물었다.

그러던 어느 날, 내가 매니저에서 사장이 된 사실을 알게 된 그분은 다시 찾아와 케이크와 커피를 사다 주셨다.더 놀라운 건 나뿐 아니라 함께 일하는 알바생들 몫까지 챙겨주셨다는 점이었다. 작은 가게를 운영하며 손님의 마음을 이렇게 크게 느낀 적은 드물었다.

단순히 음식을 드시는 손님이 아니라, 내 삶의 변화를 함께 축하해 주는 동네의 따뜻한 이웃 같았다. 케이크와 커피는 금세 사라졌지만, 그 마음은 오래 남았다. 장사하면서 가장 힘이 되는 건 매출표 속 숫자가 아니라, 이런 순간들이라는 걸 나는 새삼 깨달았다.

늦은 저녁에는 다른 풍경이 펼쳐졌다. 한 커플손님이 들어와 나란히 앉아 떡볶이를 나눠 먹으며 하루의 피로를 털어냈다. 처음엔 말없이 국물만 뜨던 두 사람이, 시간이 지나면서 조금씩 목소리를 높이고 웃음소리를 흘렸다. 그 모습을 지켜보며 문득 깨달았다. 떡볶이는 단순한 음식이 아니라 사람을 이어주는 매개체라는 것을. 직장에서 지친 얼굴로 들어온 그들이 따끈한 국물 앞에서 표정을 풀고, 서로의 어깨에 머리를 기대는 모습을 볼 때면, 내 가게는 단순한 식당이 아니라 작은 쉼터가 되었다.

비 오는 날마다 찾아오는 손님도 있었다. 문을 열자마자 "오늘도 왔네요, 사장님. 비 오는 날엔 여기 떡볶이가 생각나서요"라고 웃으며 말하는 손님. 빗소리에 젖은 우산을 세워 두고 따뜻한 떡볶이를 먹는 그의 모습은, 내 가게가 누군가의 기억 속에 특별한 장소로 자리 잡았음을 증명했다. 그런 순간 나는 매일 반복되는 노동이 결코 헛되지 않다는 걸 새삼 느꼈다.

대학생 손님들 중엔 들어오자마자 큰 소리로 "안녕하세요!" 하고 인사하는 이들이 있었다. 그 단순한 인사 한마디가 생각보다 큰 힘이 되었다. 장사가 잘 안 되던 날에도, 지친 얼굴로 인사를 받는 순간 나는 다시 고개를 들었다. 작은 인사가 사람의 마음을 일으켜 세울 수 있다는 것을 배운 건, 바로 그 손님들 덕분이었다.

하루하루 다른 사람들이 스쳐 지나가지만, 그들의 이야기는 가게 안에 작은 흔적으로 남았다. 아이의 떨리는 목소리, 청년들의 웃음과 고민, 커플의 피곤한 웃음, 단골의 인사. 그것들은 내 장부 어디에도 기록되지 않지만, 내 삶에는 가장 중요한 자산이 되었다. 작은 떡볶이집 안은 어느새 세상의 축소판이 되었고, 나는 매일 그 속에서 새로운 얼굴과 이야기를 맞이한다. 그 사람들은 그냥 손님이 아니라, 내 일상에 온기를 불어넣는 특별한 존재였다.

불편함이 남긴 가르침

가게를 운영하다 보면 언제나 반가운 손님만 만나는 것은 아니다. 어떤 손님들은 가게 문을 열고 들어온 순간부터 내 마음을 무겁게 하고, 시간이 지나도 쉽게 잊히지 않는다. 처음에는 그저 불쾌하고 속상한 기억으로 남지만, 돌이켜보면 그 경험들이야말로 내가 더 단단해지고 유연해지는 계기가 되기도 했다.

예전에 다른 브랜드에서 일할 때의 일이었다. 번호표를 뽑는 시스템이었는데, 사장님은 늘 이렇게 지시하셨다.

"손님이 자리를 비웠다가 돌아오셔도 무조건 바로 안내해 주세요."

나는 그대로 따랐다. 하지만 어느 날, 눈앞에서 줄 서 있던 손님이 소리를 질렀다.

"지금 뭐 하는 거예요? 우리는 여태 여기서 기다렸는데, 왜 자리를 비운 사람을 먼저 받아줘요?"

그 순간 나는 아무 말도 할 수 없었다. 사실 나도 속으로는 그 손님 말이 맞다고 생각했다. 하지만 나는 지시를 따르는 직원이었고, 규정을 거스를 수는 없었다. 돌아오는 욕설과 원망을 그저 감당할 수밖에 없었다. 그 일이 마음속에 오래 남았다.

시간이 흘러 내가 직접 가게를 운영하게 되었을 때, 그 경험은 하나의 기준이 되었다. 나는 다시는 앞에서 기다리는 손님을 바보로 만들지 않겠다고 다짐했다. 종이에 이름을 적고 기다리는 시스템을 택한 것도, 그래서였다. 기다리는 사람들의 시간을 존중하는 것, 그것이 결국 장사를 오래 지켜주는 기본이라는 걸 그때 배웠기 때문이다.

그 다짐은 시간이 흘러 내 가게를 운영할 때 현실이 되었다. 우리 가게는 여전히 종이에 이름과 메뉴를 적고 매장 앞에서 기다리는 방식이다. 전화를 드리거나, 뒤늦게 온 손님을 억지로 받지는 않는다. 모두가 같은 조건에서 기다린다는 원칙, 그것이 공정하다고 믿기 때문이다. 물론 이 원칙 때문에 불편한 순간이 찾아오기도 했다. 어느 주말 피크타임에, 호명이 끝난 뒤 한참 뒤에 나타난 손님이 있었다. 이미 자리를 비웠기에 누락 처리가 되었고, 그 사실을 말씀드리자 손님은 격하게 화를 내며 나에게 소리쳤다.

"장사 원래 이렇게 해요? 이딴 식으로 해서 되겠냐고요!"

그 목소리는 매장 안에 있던 손님들까지 긴장시킬 만큼 컸다. 나는 최대한 침착하게 상황을 설명했다. 다른 손님들이 대기 중이었고, 규정상 어쩔 수 없는 부분이었다는 점, 그리고 불편을 드린 데에 대한 사과를 덧붙였다. 하지만 그들은 내 말이 끝나기도 전에 다시 목소리를 높였다. "장사 이딴 식으로 하면 안 되는 거 아니에요?" 결국 그 커플은 화난 얼굴로 매장을 나갔다. 그런데 그 과정에서 엽서 하나를 바닥에 떨어뜨리고 갔다. 옆에 있던 다른 손님이 주워 건네주려는 순간, 그 커플은 다시 돌아와서는 그것을 손님에게서 휙 빼앗듯 가져가고는 아무 말 없이 사라져 버렸다. 그 장면은 그 자리에 있던 모두를 순간 멈칫하게 만들 만큼 황당했다.

마음 한편에는 화도 났다. 나 역시 사람이기에 억울함과 불쾌함이 올라왔다. 하지만 동시에 그 상황은 오래도록 내 안에 남았다. "불편한 경험은 왜 이렇게 오래 기억에 남는 걸까?"라는 질문이 떠올랐다. 그리고 시간이 지난 뒤에야 알았다. 불편함이란 감정은 나에게 단순히 상처로만 남지 않는다는 것을.

그리고 한편으론 다행이라고 생각했다. 아르바이트 친구들이 이 화를 감당하지 않아도 돼서. 그날 홀파트를 맡은 게 나라서 다행이라고 말이다. 그날 이후 나는 더 세심해졌다. 안내 문구를 다시 정비하고, 손님이 대기표를 적을 때 직접 한 번 더 설명해드리기 시작했다. 불편했던 경험 덕분에 '불필요한 오해를 줄이려면 먼저 내가 더 다가가야 한다'는 걸 배운 것이다.

장사를 하다 보면 웃음을 주는 순간만큼이나 불편한 순간도 피할 수 없다. 하지만 결국 그 불편함이 내 가게를 더 단단하게 만들고, 나 자신을 조금 더 성장시킨다. 그날의 사건은 분명 불쾌했지만, 동시에 나에게 오래 남을 가르침이 되었다.

비슷한 아쉬움은 다른 날에도 있었다. 메뉴의 간단한 변경을 요청한 손님이 있었다. 예를 들어 "떡볶이에 떡을 빼고 어묵을 조금만 더 넣어주실 수 있나요?" 같은 부탁이었는데, 나는 가게 규정을 앞세워 거절했다. 손님은 더 말하지 않고 씁쓸한 표정을 지으며 자리를 떠났다.

그날 밤, 나는 계속 고민했다. 내가 지키려던 규칙이 과연 그렇게까지 중요한 것이었을까? 하지만 프랜차이즈 특성상 동일한 서비스를 해야하는게 아닐까? 손님 입장에서 보면 작은 배려였을 텐데, 나는 경직된 태도로 대응해버린 건 아닐까.

또 한 번은 중학생 아이들과 함께 들어온 손님이 외부 음식 봉지를 꺼내 들었다. 나는 정중히 "죄송하지만 외부 음식은 드실 수 없습니다"라고 설명했지만, 그들은 들은 척도 하지 않았다. 다시 한 번 말씀드리자 결국 불쾌한 표정으로 술값만 계산하고 가게를 나갔다. 자리를 정리하며 마음이 씁쓸했다. 굳이 그렇게까지 강하게 막아야 했을까, 아니면 결국 내 선택이 맞았을까. 원칙을 지키는 일과 손님의 기분을 살피는 일 사이에서 갈등이 깊어졌다.

이런 경험들이 쌓이면서 나는 조금씩 깨닫게 되었다. 원칙은 필요하지만, 원칙만으로는 사람을 상대할 수 없다는 것을. 사람과 사람이 만나는 자리에서 중요한 건 규칙이 아니라 태도였다. 그 후부터 나는 같은 상황이 오면 먼저 한 번 더 손님의 입장에서 생각해보려 애썼다.

음식을 빨리 달라는 요구가 있으면 "죄송합니다, 조금만 더 기다려주시면 감사하겠습니다. 혹시 기다리시는 동안 시원한 물이라도 드릴까요?"라고 말을 덧붙였고, 메뉴 변경 요청이 있으면 가능한 범위 안에서 조율하려 했다. 외부 음식 문제 같은 경우에도, 단순히 금지 규정을 말하는 대신 "혹시 아이들 입맛에 맞을까 걱정되셨던 거죠? 그래도 조리된 음식은 위생 문제 때문에 어렵습니다"라고 설명했다.

처음엔 내 마음이 더 힘들었지만, 그렇게 대응 방식을 바꾸자 손님들의 반응도 달라졌다. 불만으로 끝날 뻔한 상황이 오히려 이해와 미소로 마무리되기도 했다. 여전히 쉽지 않은 순간은 찾아오지만, 이제는 알았다. 장사를 한다는 건 단순히 음식을 파는 일이 아니라, 매일 다른 성격과 감정을 지닌 사람들과 마주하며 그 속에서 답을 찾아가는 일이라는 것을. 무례했던 손님, 원칙에만 얽매였던 내 모습, 그리고 후회의 기억들까지 모두 지금의 나를 조금 더 유연하고 단단하게 만든 스승이었다.

함께 버틴 날들이 알려준 것

가게를 운영하다 보면 다양한 알바 친구들을 만나게 된다. 처음에는 단순히 업무를 잘 처리하는 친구들이면 충분하다고 생각했는데, 막상 함께 시간을 보내다 보니 일이 전부가 아니었다. 알바 친구들과의 관계는 생각보다 더 복잡하고, 때로는 가족처럼, 때로는 친구처럼 얽혀 있었다.

그중에서도 성연이는 내 기억 속에 오래 남아 있는 친구다. 고등학생 때부터 근무를 시작했는데, 첫 알바여서인지 주문을 잘못 받거나 테이블을 헷갈려 음식을 잘못 나가는 일이 유독 많았다.

"사장님, 저… 또 실수했어요. 죄송해요…"

하고 눈치를 보며 다가오던 모습이 아직도 선하다. 그 말이 하루에도 몇 번씩 들렸고, 솔직히 처음엔 답답하고 화가 날 때도 있었다. 그런데 이상하게도, 혼을 내면 울면서도 결코 도망치지 않고 끝까지 다시 해보려는 성연이의 모습에서 예전의 나를 보았다. 나 역시 첫 직장에서는 온갖 실수를 하며 버텼던 사람이었으니까.

시간은 그렇게 흘렀다. 어느새 3년, 알바에서 직원이 된 성연이는 이제 나의 든든한 오른팔이 되어 있었다. 점심 피크 시간에도 여유 있게 주문을 처리하고, 바쁜 틈에도 "사장님, 이거 제가 할게요!" 하고 웃으며 나서 주는 모습이 참 든든했다. 다른 알바 친구들과 장난을 주고받으며 가게 안을 웃음으로 채우는 성연이를 볼 때면, 그냥 일을 잘하는 동료를 넘어 함께 성장해 온 '팀'이라는 감각이 느껴졌다.

예진이는 또 다른 의미에서 특별한 친구였다. 너무 귀엽고, 스스로를 '주접킹'이라 불러도 될 만큼 표현이 화려했다.

"다음에 올 땐 꽃이라도 사올까요? 물론 사장님이 더 아름다우시지만…"

그런 말을 아무렇지 않게 던져 놓고는 웃는 예진이의 모습에 하루 피로가 풀릴 때가 많았다. 원래는 다른 알바 자리에서 하루 8시간 넘게 일하면서도 밥도 못 먹고 휴게시간도 보장받지 못하고 있었다. 그 얘기를 들었을 때 너무 안타까워서, "그럴 거면 우리 가게에서 조금 더 일하자!"라고 제안했고, 그렇게 아르바이트에서 직원이 되었다.

성우를 꿈꾸는 예진이는 혼자서 주방을 맡아도 거뜬히 해낼 만큼 일도 잘했고, 1년 넘게 함께하면서 내가 특히 아꼈던 친구다. 퇴사 후에도 종종 선물을 주고받거나 회식에 빠지지 않고 참석하는 걸 보면, 그 인연이 단순한 직장 동료 이상의 의미로 남았음을 느낀다.

승빈이는 쉼터에 머물던 친구였다. 부모님과의 갈등 끝에 집을 나오게 되었다는 이야기를 처음 들었을 때, 솔직히 망설였다. 채용해도 괜찮을까, 혹시 가게에서 문제가 생기면 어쩌지. 하지만 그의 눈을 마주하는 순간, '이 친구는 나쁜 아이가 아니구나'라는 마음이 들었다. 모 아니면 도, 한 번 믿어보기로 했다. 세상에 좋은 부모만 있는 건 아니라는 걸 나는 이미 알고 있었으니까.

그 선택은 결과적으로 행운이었다. 승빈이는 주말과 평일을 가리지 않고 대타를 서 주었고, 맡은 일은 언제나 책임감 있게 해냈다. 누구보다 성실하고 든든한 친구였다. 그래서 더 이해할 수 없었다. 왜 부모님은 그에게 '실패한 인생'이라는 잔인한 말을 했던 걸까. 아직 한참 어린 나이의 아이에게, 세상이 그렇게 가혹할 필요가 있었을까.

처음에는 조금 우울해 보이던 승빈이는 시간이 지나면서 점점 달라졌다. 가게에서 일하던 예진이, 성연이와 가까워지며 얼굴에 웃음이 늘어갔다. 함께 장난치고 농담을 주고받는 모습을 보며, 나도 모르게 마음이 놓았다. '다행이다, 잘 자라주는구나' 하고 속으로 안도했다.

일한 지 1년쯤 되었을까, 그는 부모님과 화해하며 다시 집으로 돌아갔다. 대학교에 입학하기 전까지는 수원에서 홍대까지 멀리 통학하며 성실히 출근했다. 버거운 거리였을 텐데, 늘 묵묵히 자리를 지켜주었다. 대학생이 된 지금도 시간이 날 때마다 가게에 들러 인사를 건네고, 필요할 땐 대타까지 나서준다.

아직까지 회식 자리에도 빠지지 않고 와서 함께 웃어주는, 고맙고 든든한 동료이자 친구. 그가 보여준 책임감과 성실함은 단순히 아르바이트생의 몫을 넘어, 나에게도 큰 배움이 되었다.

우리 가게는 근무 인원이 많지 않아 늘 북적이는 분위기는 아니지만, 그래서인지 함께한 사람들과의 유대가 더 깊었다. 그만둔 친구들이 가끔 찾아와 식사를 하고 가거나, 심지어 다시 일하러 돌아오기도 했다. 그럴 때면 '아, 내가 그래도 잘하고 있었구나' 하는 작은 확신이 마음속에 자리 잡았다. 알바 친구들은 단순히 함께 일한 동료가 아니라, 가게라는 공간에서 함께 웃고, 실수하고, 성장한 나의 소중한 사람들이었다.

어느 날 한 알바 친구가 갑자기 아파서 출근하지 못한다고 연락했다. 바쁜 시간이라 당황했지만, 다행히 다른 알바 친구가 기꺼이 도와줘 무사히 넘길 수 있었다. 다음날 아팠던 친구가 출근해 미안하다고 연거푸 사과했다. 사실 업무상으론 충분히 해결된 일이었지만, 그 친구의 미안해하는 모습을 보며 오히려 내가 더 미안해졌다. 일이라는 틀 안에서 보지 못했던 인간적인 미묘한 감정들이 교차하는 순간이었다.

또 다른 알바 친구는 감정 표현이 솔직해서 당황스러울 때가 많았다. 갑자기 울거나 기뻐하는 모습에 처음엔 어색했지만, 점점 그 친구가 보여주는 솔직함 덕에 내가 숨기고 있던 감정까지도 편안히 털어놓게 되었다. 그 친구는 내게 고민 상담을 한 적도 많았지만,

사실 나도 그에게 내 고민을 자연스럽게 이야기하게 되었다. 돌이켜 보면 서로가 서로에게 기대는 사이였는지도 모른다.

반면, 어떤 알바 친구는 언제나 밝고 쾌활했지만 실수도 잦았다. 처음엔 업무적으로 불안했지만, 그의 밝음과 긍정적인 에너지는 가게에 활력을 불어넣었다. 그 친구의 밝은 농담과 유머는 힘들고 지친 날에도 분위기를 반전시키곤 했다. 나는 실수가 많아도, 그의 그런 성격이 가게 전체에 주는 긍정적 영향을 어느새 인정하고 있었다.

알바 친구들과 함께 일하면서, 나는 관계의 본질이 일의 효율성보다 훨씬 깊고 복합적이라는 것을 알게 됐다. 효율적이고 매끄러운 일 처리만이 좋은 관계를 만드는 것이 아니라, 때로는 실수도 있고, 가끔은 미안함이나 고마움이 얽혀있는 복잡함이 오히려 관계를 더 진짜로 만들었다. 그렇게 일상 속에서 서로 얽히고설킨 감정들이 쌓여가면서, 가게는 단순히 일하는 장소가 아닌 우리의 삶이 자연스럽게 녹아드는 공간으로 자리 잡게 되었다.

호칭 속에 숨어 있던 책임

　가게를 열고 가장 먼저 달라진 건 사람들이 나를 부르는 호칭이었다. 처음 "사장님"이라는 말이 귀에 꽂혔을 때 나는 본능적으로 움찔했다. 마치 갑자기 낯선 옷을 입은 듯, 몸에 맞지 않는 옷자락이 어깨를 누르는 기분이었다. 나는 여전히 배우는 과정에 있는 사람이라고 생각했는데, 그 순간부터는 누군가의 결정을 책임져야 하는 사람이 되어 있었다.

　직원으로 일하던 시절에는 하루의 시작이 단순했다. 정해진 시간에 출근해 맡은 업무만 충실히 하면 됐다. 문제가 생기면 "사장님이 오시면 말씀드려야지" 하며 기다릴 수 있었다. 하지만 지금은 달랐다. 가스 불이 꺼져도, 재료가 떨어져도, 갑작스럽게 손님이 몰려도, 이제는 누군가에게 의지할 수 없었다. 그 모든 질문의 화살은 곧장 나를 향했다. "사장님, 이건 어떻게 할까요?"라는 직원의 말은 단순한 물음이 아니라, 즉시 답을 내놓아야 하는 명령 같았다.

　특히 직원과 관련된 문제는 내 마음을 더 무겁게 했다. 어느 날 아침, 오픈 시간에 맞춰야 할 직원이 보이지 않았다. 전화기를 붙잡은 손에서 땀이 나올 만큼 초조했다. "늦잠 잤어요, 금방 가요." 단순한 말 한마디였지만, 그 순간의 공백은 나 혼자 메워야 했다. 주방과 홀을 동시에 오가며 손님을 맞이하는 동안 머릿속에서는 계산이 복잡하게 돌아갔다. '이런 상황에서 규칙을 강하게 말해야 할까, 아니면 이해를 보여야 할까.' 직원 시절 같았으면 그냥 투덜대며 기다렸겠지만, 지금은 내 선택이 곧 규칙이 되고 분위기가 되었다. 결국 나는 직원과 마주 앉아 솔직히 말했다. "네가 늦으면 나 혼자만 힘든 게 아니라, 손님도 불편하고 다른 직원들도 영향을 받아. 규칙은 모두를 위한 거야." 목소리는 최대한 차분했지만, 내 안에는 여전히 갈등이 남았다.

손님과의 관계는 또 다른 차원의 긴장이었다. 어떤 손님들은 "사장님"이라 부르며 나를 특별히 존중해주었지만, 그 호칭 속에는 더 높은 기대가 숨어 있었다. 작은 불편함도 즉각적으로 해결되길 원했고, 음식의 온도나 접시의 세팅 하나에도 날카로운 시선이 느껴졌다. 어떤 날은 단순한 주문 착오에도 손님이 곧장 "사장님, 이게 왜 이래요?"라며 나를 찾았다. 그 순간은 직원이 아니라 사장으로서 내 존재 전체가 평가받는 것 같았다. 음식의 맛보다도 내 태도와 대처가 곧 가게의 수준을 결정하는 순간이었다.

시간이 흐르면서 나는 깨달았다. 사실 내가 "사장님"이라는 호칭에 익숙해졌다고 느낀 건, 그 단어가 가볍게 들리기 시작해서가 아니었다. 여전히 그 말이 들리면 순간 긴장이 찾아왔다. 다만 달라진 건, 그 긴장을 피하지 않고 받아들이는 태도였다. 책임을 지는 자리에 서 있다는 사실이 두렵지만, 동시에 그것이 내가 선택한 길이라는 확신이 있었다.

　"사장님"이라는 호칭은 단순한 이름 부르기가 아니라, 내게 매일을 시험처럼 건네는 질문이다. 오늘도 그 이름에 걸맞게 대답할 수 있을까? 그 물음이 무겁게 다가올 때도 있지만, 결국 그 무게가 나를 더 단단하게 만든다. 나는 여전히 시행착오 속에 서툴고 흔들리지만, 그 과정을 통과하는 순간마다 조금씩 '사장님'이라는 이름에 가까워지고 있다.

힘들 때 버티게 해준 손님의 한 마디

가게를 운영하는 일상은 어쩌면 끝없는 반복의 연속이었다. 매일 아침 같은 시간에 문을 열고, 버너에 불을 켜면 특유의 '칙' 하는 소리와 함께 가게가 깨어났다. 떡볶이 냄비에 소스를 붓는 순간, 매콤하면서도 달콤한 냄새가 공간을 채우고, 아직 손님 한 명 없는 매장 안에서 나는 그 냄새로 하루의 리듬을 맞췄다. 매번 같은 일을 반복하고 있지만, 그 속에서 묘한 안도감과 피로가 동시에 밀려왔다.

하루하루는 비슷하게 흘러갔다. 손님이 북적이는 시간에는 정신없이 돌아다니고, 한산한 시간에는 멍하니 창밖을 바라봤다. 그 반복 속에서 나는 어느새 스스로가 조금씩 무뎌지고 있다는 걸 느꼈다. 처음에는 모든 게 새로웠고, 작은 일에도 가슴이 뛰었는데, 어느 순간부터는 단골손님의 얼굴에도, 음식이 다 팔려나가는 일에도 예전만큼의 감정이 느껴지지 않았다.

'나는 지금 장사를 하고 있는 걸까, 아니면 진짜 내가 좋아하는 일을 하고 있는 걸까? 그 질문이 자꾸만 머릿속을 맴돌았다. 사실 그건 단순히 '장사'와 '일'의 차이만이 아니었다. 책임감이라는 단어가 어깨 위에 무겁게 올라앉아 있었다. 누군가의 점심시간, 누군가의 하루 끝을 책임지는 위치에 있다는 게 생각보다 버거웠다. 좋아하는 일을 한다는 건 분명 행복한 일이지만, 그 안에는 늘 두려움이 함께 있었다. 오늘 손님이 적으면, 매출이 떨어지면, 혹시 내가 잘못된 선택을 한 건 아닐까 하는 불안이 매일같이 따라다녔다.

어릴 적엔 어른이 되면 모든 게 안정될 줄 알았다. 그런데 현실은 그 반대였다. '좋아하는 일을 한다는 게 꼭 즐겁기만 한 건 아니구나.' 그걸 매일 조금씩 깨달아가는 중이었다. 특히 비가 오는 날이면 마음이 유난히 무거워졌다. 손님이 거의 오지 않는 조용한 오후, 가게 안엔 튀김 기름 식는 소리와 냄비에서 김이 빠지는 소리만 맴돌았다.

매장 불빛은 따뜻했지만, 그 따뜻함이 오히려 나를 더 외롭게 만들었다. 그럴 땐 괜히 주방을 닦고, 간판 불을 껐다 켰다 하며 시간을 흘려보냈다. '이런 날도 지나가겠지.' 그렇게 스스로를 다독였지만, 내면 한켠에는 자꾸만 공허함이 고여갔다. 그런 어느 날이었다. 평소 자주 오시던 단골손님이 늦은 시간에 방문했다.

늦은 저녁까지 가게가 텅 비어 있던 터라, 문이 열리는 소리만으로도 마음이 반가웠다. 그 손님은 평소처럼 조용히 식사를 마치고 계산을 하면서 내게 담담히 한 마디를 건넸다. "사장님 가게는 참 이상하게 마음이 놓여요. 힘든 날이면 꼭 생각나는 곳이에요." 그 말이 귀에 들어오는 순간, 머릿속을 맴돌던 복잡한 생각들이 조용히 흩어졌다. 특별히 위로하려는 말투도 아니었는데, 그 한마디가 나를 단단히 붙잡았다. '아, 내가 하는 일이 누군가에게는 작은 쉼이 될 수도 있구나. 그 생각이 들자 마음속의 불안이 조금은 가벼워지는 것 같았다. 그 뒤로도 손님들의 말 한마디가 종종 내 하루를 버티게 하는 힘이 되었다. "고마워요.", "덕분에 기분 좋아졌어요." 그런 짧은 인사들이 오히려 내 안의 텅 빈 곳을 채워줬다.

나는 손님들에게 음식을 내어주는 사람이지만, 동시에 손님들에게서 힘을 받는 사람이기도 했다. 그 평범한 말 한마디 한마디가 내 일상의 무게를 덜어주는 숨구멍이 되었다. 그리고 문득 깨달았다. 내가 하는 일의 본질은 '음식' 그 자체가 아니라, '사람의 마음을 데우는 일'이라는 걸. 떡볶이 국물처럼 뜨겁고 진한 마음을 담아 내면, 그 마음이 누군가에게는 하루를 견디는 힘이 될 수 있다는 걸. 이제 나는 안다.

가게의 불을 켤 때마다, 매일 같은 자리에 서서 같은 음식을 만들 때마다, 그 안에는 어제보다 조금 더 단단해진 내가 있다. 사람들의 한마디가 내 안의 불씨를 지켜주었고, 그 불씨 덕분에 나는 내일도 이 자리를 지킬 수 있을 것이다. 결국 장사는 돈으로 굴러가는 일이 아니라, 마음으로 이어지는 일이라는 걸. 나는 오늘도 그 마음을 믿으며, 가게의 불을 천천히 켠다.

이곳에서 알게 된 나의 진짜 모습

밤 열 시가 넘어 문을 닫고 난 뒤, 홀 한가운데에 혼자 앉아 있던 날이 있었다. 의자들은 테이블 위로 뒤집혀 있고, 청소를 마친 바닥에서는 세제 냄새가 희미하게 올라왔다. 간판 불은 꺼졌지만 창밖으로 스며드는 가로등 불빛이 매장 안을 옅게 비추고 있었다.

나는 계산기를 앞에 두고 하루 매출을 정리하다가 손가락을 멈추었다. 화면에 찍힌 숫자는 생각보다 적었다. 그 순간 의도치 않게 한숨이 터져 나왔다. "오늘도 겨우 이 정도라니…" 소리 없는 불만이 내 안에서 흘러나왔다. 나는 늘 스스로를 냉정한 사람이라고 생각했다. 숫자 몇 개에 흔들릴 사람이 아니라고 믿었다. 하지만 계산기 앞에 앉아 두려움에 가까운 답답함을 느끼는 내 모습을 마주했을 때, 나는 낯선 나와 처음으로 눈을 마주한 기분이었다.

다른 날은 전혀 다른 장면에서 또 낯선 내가 나타났다. 점심 무렵, 한 손님이 계산대 앞에서 웃으며 말했다. "여기 떡볶이 정말 맛있네요. 다음에 또 올게요." 나는 무심하게 고개를 끄덕이며 "감사합니다"라고 대답했지만, 주방으로 돌아서는 순간 얼굴이 저절로 풀어졌다. 뿌듯함이 밀려와 어깨까지 가벼워졌다. 평소 같았으면 대수롭지 않게 넘겼을 칭찬 한마디가, 가게에서는 내 하루 전체를 바꿔놓았다. 나라는 사람은 생각보다 훨씬 단순하고 쉽게 기뻐하는 사람이었다. 그 사실을 알게 된 게 어쩐지 우습기도 하고 따뜻하기도 했다.

직원들과 함께 있을 때는 또 다른 내가 드러났다. 어느 날, 직원들이 내 생일을 기억하고 조그만 케이크를 내밀었다. 초 두 개가 꽂힌 작은 케이크였는데, 불빛이 흔들리는 순간 괜히 눈가가 시큰했다. 나는 원래 감정에 크게 흔들리지 않는 사람이라 생각했는데, 예상치 못한 배려 앞에서 눈물이 고여 오르는 나를 보며 또 한 번 놀랐다. 그 순간 깨달았다. 나는 무심한 사람이 아니라, 사실은 작은 마음에도 쉽게 흔들리는 여린 사람일지 모른다는 것을.

손님이 없는 오후의 가게는 또 다른 얼굴을 꺼내게 했다. 텅 빈 홀에 앉아 있으면, 나는 누구보다 내향적이고 조용한 사람이었다. 의자와 테이블 사이를 오가며 괜히 먼지를 닦아내고, 창밖을 멍하니 바라보며 시간을 보냈다. 그런데 반대로 저녁 피크타임이 되어 손님들이 한꺼번에 몰려들면, 나는 가장 활발한 사람이 되었다. 주방과 홀을 바삐 오가며 크게 인사하고, 목소리를 높여 직원들과 호흡을 맞췄다. 같은 사람이 맞나 싶을 정도로 두 얼굴은 달랐다. 처음엔 그 모순이 혼란스러웠지만, 이제는 알게 됐다. 나는 내향적이면서 동시에 외향적인 사람이라는 것을. 상황에 따라 내 안의 다른 얼굴들이 자연스럽게 바뀌어 나오는 것이었다.

점점 나는 깨달았다. 가게는 단순히 음식을 파는 장소가 아니라,

내 안의 다양한 얼굴을 비추는 무대였다. 홀 안에서는 배우처럼 매일 다른 역할을 연기했다. 손님 앞에서는 책임감 있는 사장으로, 직원들과 있을 때는 함께 웃고 떠드는 동료로, 장부 앞에서는 불안한 관리자로, 혼자 있는 밤에는 고독을 씹는 내향적인 사람으로. 같은 무대 위에서 매일 다른 배역을 맡는 배우처럼, 나는 여러 얼굴을 동시에 살고 있었다.

예전의 나는 내가 누구인지 분명히 안다고 생각했다. 차분하고 냉철하고, 감정에 크게 휘둘리지 않는 사람이라고 믿었다. 하지만 이곳에서 보낸 시간은 그 믿음을 무너뜨렸다. 나는 숫자 하나에 불안해지고, 손님 한마디에 쉽게 웃으며, 작은 배려에 눈물을 흘리는 사람이었다. 동시에 고독을 즐기기도 하고, 활발하게 앞에 나서기도 하는 사람이었다. 진짜 나는 단일한 모습이 아니라, 그 모든 모습이 겹쳐진 집합체였다.

아직 완성된 얼굴은 없다. 내일도 또 다른 모습의 내가 나타날 것이다. 하지만 이제는 그 변화가 두렵지 않다. 낯선 내가 불쑥 찾아와도 당황하지 않는다. 매일 달라지는 그 얼굴들이야말로 내가 살아가고 있다는 증거니까. 내 모습은 완성된 초상화가 아니라, 매일 조금씩 덧칠되고 지워지는 미완의 그림이다. 그리고 나는 그 그림 앞에서 오늘도 새로운 나를 배우고 있다.

나다운 삶을 찾아가는 길

친구들의 안정적 직업과
비교하던 밤들

스물셋의 나이에 나는 조금 빠르게 나만의 가게를 시작했다. 처음 가게를 열 때의 설렘과 기대는 곧 현실의 높은 벽 앞에 쉽게 무너졌다. 시기는 좋지 않았다. 세상은 코로나19로 인해 모든 것이 멈추었고, 사람들은 모이기를 꺼렸다. 5인 이상 모임 금지, QR코드 체크, PCR 검사 확인 등 매주 바뀌는 방역 정책은 나를 끝없는 혼란과 불안 속으로 몰아넣었다. 어제까지 허용되었던 일이 오늘은 금지되는 상황을 견디며 매일이 전쟁터 같았다. 하루하루 그저 살아남는 것만으로도 벅찼다.

가게를 닫고 난 깊은 밤이면 나는 홀로 남아 재료를 정리하고, 물건을 발주하고, 심지어 고장 난 냉장고를 두드리며 한숨을 쉬곤 했다. 차곡차곡 쌓여가는 전기세와 수도세, 월세 고지서를 바라보며 수많은 밤을 뒤척였다.

주변을 둘러보면 친구들은 안정적인 회사 생활을 하며 월급날마다 작은 행복을 누리고 있었다. 그들의 삶은 내 삶과 너무도 달라 보였다. "혹시 내가 잘못 선택한 걸까?"라는 불안이 밀려들 때면, 마음속 깊은 곳에서부터 자신에 대한 의심이 피어나기 시작했다.

너무 성급하게 어른의 세계에 뛰어든 건 아닐까 하는 후회가 나를 괴롭혔다.

하지만 그 부러움과 불안이 오래 지속되지는 않았다. 어느 날 문득 깨달았다. 멋져 보이는 남의 삶은 결국 내 것이 아니라는 사실을. 친구들의 안정된 삶은 그들에게 맞는 길이었을 뿐, 나에게는 다른 삶이 있다는 것을 서서히 받아들이게 되었다. 그들은 그들만의 방식으로 세상을 살아가고 있었고, 나는 나만의 방식으로 내 꿈을 향해 걸어가고 있었다. 누구의 삶이 더 낫고 덜한 것이 아니라, 각자 자기만의 길이 있을 뿐이었다.

어느 순간부터는 친구들의 소식을 들을 때 부러움 대신 호기심이 생겼다. "저건 저 친구의 이야기고, 내 이야기는 앞으로 어떻게 써질까?" 그렇게 시선이 남이 아니라 나에게로 옮겨갔다. 비교는 멀어지고, 내 안의 작은 목표들이 조금씩 뚜렷해졌다.

이후 나는 스스로에게 솔직해지기로 했다. 불안하면 불안한 대로, 외로우면 외로운 대로 인정하기로 했다. 그런 감정들을 애써 억누르지 않고 내 삶의 일부로 받아들이자, 이상하게도 마음은 더 단단해졌다. 비교에서 벗어나니 조금씩 자유로워졌다. 세상이 정해준 길을 따라 걷는 것이 아니라, 내 발로 내 길을 만들어가는 삶을 배우기 시작했다. 그 길이 비록 울퉁불퉁하고 험난할지라도, 적어도 그것은 나의 선택이자 나다운 삶이라는 믿음이 생겨났다.

결국 삶은 나답게 살아가는 여정이다. 지금도 가끔 두렵고 불안할 때가 있지만, 이제는 그 감정들이 나를 멈추게 하지 않는다. 오히려 더 나은 방향으로 나를 이끄는 원동력이 되어준다. 나다운 삶을 찾는다는 것은 완성된 목적지가 아니라 계속해서 걸어가는 길 위에 있다는 것을 알게 되었다. 그 길 위에서 나는 오늘도 조금씩 성장하고 있다.

내가 선택한 불안정함의 가치

사장이 된다는 건 겉보기엔 화려하고 멋있어 보일지 몰라도 현실은 냉정하고 무겁기만 했다. 사람들은 '내 가게가 있다'는 말에 멋있다고, 대단하다고 말했지만, 그 안쪽에서 내가 매일 감당해야 하는 무게는 아무도 보지 못했다. 나를 기다리고 있는 건 보장되지 않은 미래와 언제라도 흔들릴 수 있는 불확실함뿐이었다.

혼자서 모든 것을 책임지는 삶이란 예상보다 훨씬 고독했다. 직원의 작은 실수 하나에도 나는 밤새 잠을 이루지 못하며 해결책을 찾아야 했다. 손님이 음식에 불만을 표시하면, 그 한마디가 머릿속을 맴돌아 퇴근길에도 놓을 수 없었다. 그럴 때마다 '내가 사장이라는 건 결국 모든 문제의 끝이 나라는 뜻이구나' 하는 현실이 무겁게 내려앉았다.

처음엔 '내 가게'라는 말이 주는 자부심 하나로 버텼다. 간판에 내 이름이 걸려 있다는 사실이 신기했고, 가게 문을 열 때마다 설레었다. 하지만 현실은 곧 '내가 열지 않으면, 아무도 문을 열지 않는 가게'였다. 휴무는 커녕 몸살이 와도 주방에 서야 했고, 비가 억수같이 쏟아지는 날에도 가게 불은 꺼지지 않았다. 직원들이 모두 퇴근한 뒤 주방에 혼자 남아 밀린 설거지를 하며, 나는 매번 생각 했다.

'이게 바로 사장의 자리구나.'

하지만 완전히 혼자였던 건 아니었다. 나는 프랜차이즈라는 시스템 안에 있었고, 그것은 나에게 든든한 울타리이자 동시에 보이지 않는 틀이었다. 본사의 매뉴얼과 관리 체계는 내 부족한 부분을 채워주었다. 원자재 발주, 행사 일정, 메뉴 정책. 이런 것들이 미리 정해져 있으니 처음엔 오히려 마음이 편했다. '큰 틀 안에서만 잘 움직이면 되겠지' 싶었다. 하지만 시간이 지나자 알게 됐다. 이곳은 내 가게지만, 내 뜻대로만 움직일 수 있는 완전한 자유는 없다는 걸.

본사에서 정한 규칙은 효율적이었다. 하지만 손님이 남긴 말 한마디, 현장의 공기는 늘 숫자와 다르게 흘렀다. 비 오는 날이면 손님이 줄어들고, 그럴 땐 음악을 조금 낮추고 싶었다. 국물 떠먹는 소리랑 빗소리가 섞이게 두고 싶었으니까. 매뉴얼엔 없던 행동이었지만, 나는 그런 '틈'을 만들어야 숨이 쉬어졌다. 손님이 아이를 데려오면 조그만 주먹밥을 만들어 주기도 했다. 본사에 보고하지 않아도 되는, 나만의 작은 변화들. 그건 효율보단 마음의 온도였다.

그러다 본사에서 "통일성을 위해 지점을 관리해야 한다"는 공지가 내려올 때면 마음 한구석이 답답해졌다. 내가 쌓아온 분위기와 손님들의 신뢰가 '정책 하나'로 흔들릴 때마다 속상했다. 하지만 그럴수록 다짐했다. 틀을 부수는 게 아니라, 틀 안에서 나를 증명하자고. 모든 게 같아 보이더라도, 내 가게엔 나의 공기와 손끝의 온도가 배어 있으니까.

물론 그 과정이 쉽진 않았다. 손님이 많을 땐 직원의 손이 모자라고, 손님이 없을 땐 불안감이 몰려왔다. 가끔은 본사의 기준을 지키느라 손님에게 더 따뜻한 말을 건네지 못한 스스로가 싫었다. 하지만 이런 고민조차도 '사장의 몫'이었다. 회사원처럼 누군가에게 하소연할 수 없었고, 결정권도 책임도 모두 내 손 안에 있었다. 이 일은 나를 끝없이 흔들었지만, 동시에 나를 끝없이 성장시켰다.

새벽 2시, 불 꺼진 가게 안에서 혼자 계산대를 정리하던 밤이 있다. 매출이 기대에 미치지 못해 답답했지만, 동시에 '이 공간은 온전히 내 힘으로 지켜낸 곳'이라는 자부심이 속 깊이 자리 잡았다. 그날 나는 매출표 위에 손을 얹고 조용히 중얼거렸다. "괜찮아, 오늘도 잘했어." 누구도 들어주지 않았지만, 그 말은 내 마음에 오래 남았다.

시간이 지나면서 나는 깨달았다. 불안정함이란 결국 '완전한 자유'와 '완전한 책임'이 한꺼번에 오는 상태라는 걸. 본사의 시스템이 내게 틀을 제공했지만, 그 틀 안에서 움직이는 방식은 전적으로 내 선택이었다. 그 작은 차이들이 쌓여 '나의 가게'가 만들어졌다. 비슷한 간판 아래에서도, 나의 공간은 조금 더 따뜻하고 조금 더 사람 냄새 나는 곳으로 남길 바랐다.

이제 나는 불안정함을 두려워하지 않는다. 오히려 그것을 즐기게 되었다. 내일을 알 수 없다는 것이 두렵기보다는 설레고 기대되는 일이 되었기 때문이다. 정해진 규칙 안에서도 나만의 길을 만들어가는 일, 그 속에서 내가 책임지고 판단하며 배우는 과정이야말로 진짜 '사장으로 산다'는 의미였다. 완벽한 자유는 없었지만, 그 안에서 얻은 자율과 책임은 내 인생의 가장 큰 자산이었다.

그리고 지금, 나는 또 하루의 문을 연다. 아직 이른 아침의 공기 속에서 전날 닦아둔 테이블이 반짝이고, 불이 켜진 주방에서는 다시 떡볶이 냄새가 올라온다. 어제의 고민은 여전히 남아 있지만, 그 모든 것이 결국 나를 만든다. 나는 불안정한 삶의 중심에서 매일 배우고, 흔들리면서도 전진한다. 이것이 내가 선택한 길이다. 사장이 된다는 건 완벽함의 다른 이름이 아니다. 그건 단지, 불안정함 속에서도 자기 삶의 중심을 지켜내는 일이다.

공부가 아니라도 성공할 수 있다는 걸 증명하고 싶었다

나는 어릴 때부터 유난히 책상 앞에 오래 앉아 있는 걸 힘들어했다. 칠판 앞 선생님의 말씀도 자주 귓가를 스쳐 지나갔다. 주변 친구들이 교과서와 문제집에 집중할 때, 나는 오히려 교실 밖 세상에 더 많은 관심을 두었다. 무언가를 직접 만들고, 사람들과 이야기를 나누며 일하는 시간이 가장 즐거웠다. 시험은 항상 벼락치기. 그래서인지 내 성적은 늘 중하위권을 맴돌았다. 어른들의 눈에는 애매하게 미래가 보이지 않는 아이였다.

주변의 걱정 어린 시선은 시간이 갈수록 압박으로 다가왔다. 가족도, 선생님도, 친척들도 입을 모아 말했다. "조금 더 노력하면 될 것 같은데 그렇게 공부를 안 해서 어떻게 살아갈래?" 그 말 한마디가 나를 더더욱 자극했다. 내가 좋아하고 잘할 수 있는 것이 분명히 있는데, 왜 세상은 오직 공부만이 인생의 해답이라고 말하는지 답답하고 분했다. 그래서 나는 다짐했다. 공부가 아니어도 성공할 수 있다는 것을 반드시 증명하겠다고.

어릴 적, 영화였는지 드라마였는지 기억은 흐릿하지만 "대학 나와봤자 다 취업 못 한다"라는 대사를 들은 적이 있다. 어린 나이였지만 대학에 들어가는 데 얼마나 많은 시간과 돈이 필요한지 알고 있었기에, 나는 일찍 결심했다. " 그 시간에 차라리 일을 먼저 시작하자. " 그래서 특성화고에 진학했고, 우연한 계기로 시작한 아르바이트에서 매니저를 거쳐 사장 자리까지 올라가게 되었다.

열여덟 살, 처음으로 일을 시작했을 때 내가 느낀 감정은 순수한 기쁨이었다. 매장에서 물건을 정리하거나 손님과 대화하며 무언가를 파는 경험은, 학교에서 한 번도 느껴본 적 없는 생생한 만족감을 줬다. 몸이 고되고 피곤해도 하루를 마치고 난 뒤의 뿌듯함은 책상 위에 앉아 있을 때는 절대 얻을 수 없는 것이었다.

그렇게 일을 통해 나는 세상을 배우기 시작했다. 교과서에서 가르쳐주지 않는 현실의 지혜와 살아가는 법을 익혔다. 일터에서 겪는 갈등과 해결 과정, 손님과의 대화를 통해 터득한 사람을 대하는 기술, 사업을 운영하면서 배운 위기관리 능력까지. 이 모든 것은 시험 성적이나 학교의 평가로는 절대 측정할 수 없는 것들이었다.

물론 처음부터 모든 것이 순탄하지는 않았다. 가게를 열고 직접 사업을 시작하며 수많은 시행착오를 겪었다. 때로는 넘어지고 때로는 실수하며 많은 손해를 봤지만, 한 번도 멈추고 싶다는 생각은 하지 않았다. 실패와 실수를 반복하면서 오히려 더 단단해졌고, 서서히 나만의 길을 확신하게 되었다. 남들이 그리는 안정적인 커리어 그래프 대신, 나는 울퉁불퉁하지만 확실히 나다운 궤적을 그리고 있었다. 그 길 위에서 버는 돈은 단순한 수입이 아니라, 내가 선택한 방식으로 살아가고 있다는 증거였다.

  돌이켜 보면 내가 증명하고 싶었던 것은 단지 공부 없이 성공하는 법이 아니라, 자신이 선택한 길로도 충분히 행복하고 의미 있는 삶을 살 수 있다는 것이었다. 남들과 같은 방식이 아니어도 괜찮다는 사실을 사람들에게 보여주고 싶었다. 이제는 스스로 깨달았다. 나는 나만의 방식으로, 나만의 기준으로 이미 충분히 성공한 삶을 살고 있다는 것을 말이다.

돈보다 더 소중한 가게의 의미

 처음 가게를 운영할 때 나는 돈이라는 숫자에 집착할 수밖에 없었다. 매일 아침 눈을 뜨자마자 어제의 매출을 확인했고, 예상보다 숫자가 떨어지면 하루 종일 불안했다. 가게를 운영하는 것이란 결국 숫자와의 싸움이라 생각했다. 재료비를 조금이라도 아끼기 위해 밤늦게까지 계산기를 두드리고, 인건비를 줄이려고 나 혼자서 몸을 혹사하기도 했다. 그렇게 나는 끊임없이 돈과의 줄다리기 속에서 하루하루를 버텼다.

 그런데 언제부터인가, 돈보다 더 큰 가치들이 눈에 들어오기 시작했다. 처음엔 우연히 온 손님이 다시 찾아오면서 단골이 되었고, 그 단골들은 내 이름을 기억해주었다. 그들은 내가 힘들어 보이는 날이면 "오늘 하루도 정말 수고했어요."라며 따뜻한 말을 건넸다. 그럴 때면 돈을 벌기 위해 시작한 일이지만 오히려 사람들의 따스한 말 한마디가 훨씬 더 큰 힘으로 다가왔다.

 하루의 영업을 마치고 지친 몸을 이끌며 문을 닫을 때면, 가끔씩 리뷰 앱을 통해 올라오는 따뜻한 댓글을 읽곤 했다. "이 가게 직원들은 정말 친절하고 음식도 정말 맛있어요! 덕분에 행복한 하루였어요." 이런 말들은 단순히 나의 기분을 좋게 만드는 것에 그치지 않고, 내가 이 일을 계속해 나갈 수 있는 힘이 되어주었다. 이 작은 공간이 사람들의 삶 속에서 행복과 위로가 될 수 있다는 사실을 알게 된 순간, 가게의 존재 이유가 돈을 넘어서는 특별한 것으로 변화했다.

이런 순간들이 쌓이면서 나는 '가게를 운영한다'는 말 속에 숫자나 이익보다 더 깊은 의미가 있다는 걸 배웠다. 하루하루가 단순한 생계 수단이 아니라, 누군가의 기억 속에 남는 이야기를 만드는 시간이었다. 그래서 이제는 메뉴를 만들 때도, 손님을 맞이할 때도 '오늘 이 순간이 그들에게 어떤 의미로 남을까?'를 먼저 떠올리게 된다. 가게는 그렇게 나를 조금 더 사람을 바라보는 눈으로, 조금 더 따뜻한 마음으로 살아가게 만들었다.

점점 시간이 흐르면서 가게는 나에게 돈과 매출 그 이상을 의미하게 되었다. 내게 이 공간은 사람들이 만나고 이야기를 나누는 곳이었으며, 누군가의 하루 끝에 작은 기쁨을 주는 곳이었다. 직원들과 함께 일하며 겪는 사소한 일상의 순간들마저 소중해졌다. 우리는 가게에서 단지 음식을 팔고 서비스를 제공하는 것을 넘어, 삶의 일부분을 공유하며 서로 성장했다.

나는 이제 가게를 통해 사람과 사람을 잇는 역할을 하고 있음을 깨달았다. 돈은 물론 중요했다. 하지만 돈으로 절대 살 수 없는 진심 어린 소통과 관계, 따뜻한 마음들이 이 공간에서 만들어지고 있었다. 매일 반복되는 일상 같아 보였지만, 사실 그 안에서 나와 손님들은 함께 위로받고 있었다.

  그래서 나는 이제 매출이 조금 떨어졌다고 해서 쉽게 흔들리지 않는다. 숫자는 늘 변하지만 사람들의 진심 어린 마음은 변하지 않는다는 것을 알기 때문이다. 가게는 더 이상 내게 단순히 돈을 버는 공간이 아니었다. 이곳은 내 삶의 일부가 되었고, 사람과 사람을 이어주는 따뜻한 이야기로 가득한 곳이 되었다.

떡볶이집에서 내 인생의 방향성을 찾다

어릴 때 나는 제과제빵을 배우고 싶었다. 달콤한 빵과 과자를 만드는 과정이 신기하고, 직접 손으로 무언가를 만들어내는 즐거움이 크다고 생각했다. 그러나 현실은 그리 녹록하지 않았다. 학원비와 생활비, 여러 가지 조건 때문에 꿈을 이어가기 어렵다는 것을 깨닫고 잠시 현실에 무너졌다. 그렇게 나는 새로운 길을 찾아, 우연히 떡볶이집에서 아르바이트를 시작하게 되었다.

처음에는 단순히 돈을 벌기 위한 일이었지만, 그곳에서의 하루하루는 생각보다 강렬하고 생생했다. 반복되는 업무 속에서도 손님들의 표정과 말 한마디가 내 마음을 흔들었다. 맛있다고 즐거워하는 모습, 담담히 고마움을 전하는 인사 한마디가 내 하루를 버티게 하는 힘이 되었다. 단순한 일상이지만, 나는 그 속에서 내 가능성을 조금씩 발견하고 있었다. 하지만 가게 운영이 늘 순탄한 것은 아니었다.

아침 문을 열고 준비를 시작하면, 차가운 공기 속으로 전날 남은 음식 냄새가 스며들고, 피크 타임에는 빌지가 끊임없이 나오며 뜨거운 기름 냄새가 가득했다. 하루 종일 서 있어 다리는 붓고, 어린 나이였음에도 모든 관절이 아팠다. 손끝에는 늘 양념 냄새가 배어 하루가 끝날 때까지 떠나지 않았다.

가끔은 손님들의 작은 불만에도 마음이 무너졌다. 재료비와 임대료, 직원 급여와 세금 문제까지, 밤마다 머릿속에서 계산기를 두드리며 고민했다. 그럴 때마다 마음속에서 들려오는 작은 목소리가 나를 붙잡았다. "이 어려움이 바로 네가 찾던 성장의 기회야." 나는 그 말을 붙잡고 하루하루를 견뎠다. 반복되는 일상 속에서 느껴지는 지루함과 무게는 점차 내 자신을 단단하게 만드는 훈련이 되었다. 시행착오를 겪으며 스스로 문제를 해결하는 과정에서, 나는 이전과는 다른 나를 발견했다. 단순히 일을 잘 해내는 능력뿐만 아니라, 불확실하고 예측할 수 없는 상황에서도 흔들리지 않는 마음을 배우기 시작했다.

떡볶이집에서의 경험은 단순한 업무 이상의 의미를 주었다. 나는 손님들에게 음식을 내어주는 사람인 동시에, 손님들의 말과 표정에서 힘을 얻는 사람이기도 했다. "가게가 참 마음이 놓여요"라는 단골손님의 한마디, 지나가듯 던진 "덕분에 기분 좋아졌어요"라는 말들은 내 하루를 살아가게 하는 숨구멍이 되어주었다. 그 평범한 말 한마디가 내 일상을 특별하게 만들고, 내가 이 자리를 지켜야 하는 이유가 되었다.

시간이 흐르면서 나는 점점 미래를 구체적으로 떠올리기 시작했다. 내가 원하는 삶은 단순히 생계를 이어가는 안정된 삶이 아니라, 내 손으로 선택하고 만들어가는 삶이었다. 누군가 정해준 길을 걷는 대신, 스스로 길을 만들고 결정하며 살아가는 것. 작은 가게에서 느낀 책임감과 자유, 그 모든 경험이 나를 스스로 설계하는 사람으로 성장하게 했다.

매일 반복되는 업무 속에서도 나는 스스로에게 물었다. 오늘 나는 어떤 선택을 하고, 어떤 방식으로 이 하루를 채울 것인가. 메뉴판을 바라보며 고민하고, 손님과 소통하며 판단을 내리는 모든 순간이 내 삶의 방향성을 조금씩 그려가는 과정이었다. 그리고 그 과정 속에서 나는 확신하게 되었다. 내 인생의 방향은 이제 내가 그어 나가는 것이다. 떡볶이집이라는 작은 공간에서의 경험은, 내가 원하는 삶을 선택하고 책임질 수 있는 힘을 주었다. 그 힘 덕분에 나는 더 이상 미래가 막연하게만 느껴지지 않는다. 불확실하고 때로는 고통스러운 과정조차도, 나를 더 깊고 단단하게 만드는 성장의 길임을 안다.

결국 내가 찾은 방향성은 화려하거나 특별한 것이 아니었다. 내 손으로 만들어가는 삶, 스스로 선택하고 책임지는 삶, 바로 그것이 내가 얻은 가장 큰 깨달음이자, 앞으로 나아갈 길이었다. 이제 나는 떡볶이집에서 배운 것을 바탕으로, 내 삶을 내가 원하는 방향으로 걸어가고 있다. 내일이 어떻게 펼쳐질지 알 수 없지만, 나는 그 불확실함 속에서도 한 걸음씩 내 길을 만들어 나갈 준비가 되어 있다.

20대, 꿈을 현실로 만드는 중입니다

가게를 연 첫날, 사람들은 내게 박수를 쳐주며 축하 인사를 건넸다. "스물셋이라는 어린 나이에 대단하다", "정말 용기가 있다"고 말해줬지만, 나는 정작 그 어떤 순간보다 두려웠다. 문을 열고 손님이 들어올 때마다 설렘보다는 불안이 먼저였다. 매장 운영에 관해 바꿀 때도 이렇게 하면 좋을지 저렇게 하면 좋을지, 몇 날 며칠을 고민했고, 작은 결정을 내릴 때조차 망설이고 주저하며 긴장했다.

하지만 그런 두려움과 긴장이 계속되는 와중에도 나는 멈추지 않았다. 오히려 매일 조금씩 나아가고 있다는 확신을 느끼며 스스로를 위로했다. 누구에게도 보장받지 못한 길이었고, 성공할 것이라는 확신조차 없었지만, 나는 이 불확실성 속에서 내가 선택한 길을 스스로 증명하고 싶었다.

20대의 나는 실수를 해도 괜찮다고 생각했다. 아니, 오히려 지금이 아니면 언제 이런 실수들을 경험할 수 있을까 싶었다. 실패를 경험해도 다시 일어날 수 있는 힘과 시간이 내게 있었다. 서툴고 어설프게 보일지라도 도전하는 것 자체가 의미 있고 가치 있는 일이었다. 그것이 바로 지금 내가 누릴 수 있는 최고의 자산이었다.

가끔씩, 내가 이 길을 선택한 것이 과연 잘한 일일까 하는 의문이

들 때도 있다. 하지만 그럴 때마다 가게를 찾아주는 단골손님들이 나에게 힘을 준다. 나의 작은 도전을 응원하며 기꺼이 나를 믿어주는 사람들 덕분에 나는 조금씩 자신감을 얻고 있다. 아직은 완벽하지 않지만, 나는 매일 꿈과 현실 사이의 간격을 조금씩 좁혀가고 있다.

가게 일을 하다 보면 예상치 못한 문제와 맞닥뜨리는 경우가 많다. 갑자기 냉장고가 고장 나거나, 누수가 생기거나, 직원이 갑작스럽게 그만두는 일들이 발생한다. 처음엔 이런 일이 생길 때마다 당황하고 좌절했지만, 시간이 지나면서 이런 돌발상황을 대처하는 과정이 오히려 내 성장을 돕고 있다는 걸 알게 되었다. 어려운 순간마다 나는 더 차분해지고 문제 해결 능력을 키웠다. 하루하루가 또 다른 도전이었고, 그런 도전들 덕분에 내 삶은 점점 더 풍성해졌다.

나는 사람들의 기준이나 세상의 잣대에서 벗어나 내 방식대로 삶을 꾸려나가고 있다. 때로는 주변의 기대나 시선에서 자유롭지 못해 힘들기도 했지만, 그럴 때마다 나는 나 자신에게 되물었다. "나는 지금 행복한가?", "나는 지금 원하는 삶을 살아가고 있는가?" 그 질문에 답을 찾기 위해 늘 노력했고, 나만의 답을 만들어가고 있다.

시간이 흘러 돌아봤을 때, 나의 20대가 빛났던 이유는 대단한 성공이나 화려한 결과 때문이 아닐 것이다. 바로 이 시기, 스스로를 믿고 끊임없이 시도한 용기 때문일 것이다. 아직 이루지 못한 꿈들이 많고, 앞으로도 힘든 순간이 기다리고 있겠지만, 나는 지금의 이

불확실함조차 즐기기로 했다. 이 모든 과정이 나를 더욱 단단하고, 진정한 나답게 만들어줄 것을 믿기 때문이다.

나는 지금 꿈을 현실로 바꾸는 여정 위에 서 있다. 이 길 끝에 어떤 모습이 기다리고 있을지는 모르겠지만, 적어도 지금의 나는 그 여정 자체를 즐기고 있다. 두렵고 긴장되는 매 순간이 나를 성장시키고 있고, 나는 그 속에서 스스로의 가치를 발견해가고 있다. 20대의 나는 오늘도 꿈을 현실로 만드는 중이다.

언젠가 이 길의 끝에서 지금의 나를 돌아보게 될 날이 올 것이다. 그때 나는 분명, 두려움 속에서도 멈추지 않았던 내 모습에 고마워할 것이다. 젊음의 시간은 결코 다시 돌아오지 않기에, 나는 오늘도 불확실함을 껴안고 앞으로 나아간다. 골목 끝에 스미는 저녁 햇살처럼, 내 마음 한켠에도 서서히 온기가 번져온다.

바람이 불어와 땀에 젖은 손끝을 스치면, 그날의 결심이 다시 살아 숨 쉬는 듯하다. 익숙한 매장의 소음 속에서도 심장이 두근거리는 소리를 또렷하게 듣는다. 혹시 나처럼 꿈과 현실 사이에서 망설이고 있는 누군가가 있다면, 이렇게 말해주고 싶다.

" 완벽하지 않아도 괜찮아, 시작하는 순간 이미 너는 꿈을 향해 가고 있는 거야. "

결국 가장 나다운 선택이 가장 옳았다

가끔씩 길을 걷다 문득 과거의 내가 어떤 표정을 지으며 살아왔는지 궁금해질 때가 있다. 그 시절의 나는 주변의 걱정 섞인 목소리와 비판적인 시선을 견디며 혼자서만 길을 찾으려고 안간힘을 쓰고 있었을 것이다. 내가 내린 모든 선택은 세상의 시각에서 보면 언제나 틀리거나 지나치게 위험해 보였다.

가난한 가정환경 탓에 남들처럼 대학에 가지 못했고, 사회적 기준에서 벗어난 채로 어린 나이에 삶의 전선으로 뛰어들었다. 내 선택은 늘 '다른 사람들의 기준'과 충돌했다. 하지만 사실 내가 두려워했던 것은 실패가 아니라, 내가 원하지 않는 삶을 선택하는 것이었다. 그래서 나는 언제나 남의 의견보다는 내 내면의 목소리를 더 귀 담아들었다.

가게를 시작할 때도 마찬가지였다. 어른스러운 척 준비된 척했지만, 사실 속으론 나도 두렵고 막막했다. 그래도 내가 두려움을 무릅쓰고 무모하게 도전할 수 있었던 이유는 오로지 그 길이 내게 가장 진실하게 다가왔기 때문이다. 스스로를 속이며 남들의 기준에 맞추는 삶보다는, 솔직히 실패하고 넘어지는 것이 더 나답다고 생각했다.

시간이 흐르면서 그 무모함 덕분에 내가 겪었던 위기와 난관은 누구에게도 의지하지 않고 나 자신을 마주하게 만들었다. 힘든 상황에서 누군가를 탓하거나 핑계를 대는 대신, 스스로 선택한 결과에 책임지고 문제를 해결해나가는 방법을 배웠다. 그 과정에서 얻은 경험과 깨달음은 내 삶에 명료한 방향성을 제시해 주었다.

어쩌면 진정한 성공이란 타인이 정한 목표를 달성하는 것이 아니라, 스스로 정한 기준을 끝까지 지켜내는 용기에 있을지도 모른다. 나는 내 선택이 옳았다고 타인을 설득할 필요가 없었다. 내가 나답게 살아가는 모습을 지켜본 사람들은 어느 순간 내 삶을 인정하고 응원해 주기 시작했다. 남들이 걱정하며 만류했던 바로 그 길이 이제는 나만의 독특한 이야기이자 특별한 경험이 되었다.

내 약점과 불안함을 가리지 않고 오히려 당당하게 드러낼 수 있게 된 지금, 나는 나와 비슷한 길 위에서 흔들리고 있을 누군가에게 전하고 싶다. "너의 길이 남들과 다르다고 해서 틀린 것이 아니다. 너의 선택이 진심에서 우러나왔다면, 결국엔 그것이 가장 옳은 선택이 될 거야."

가장 나다운 선택이 언제나 가장 쉬운 선택은 아니었다. 하지만 돌이켜보니, 그 선택들이 내 삶에서 가장 의미 있는 결정들이었다. 남들의 평가와 상관없이 내가 내린 선택들이 쌓여 지금의 나를 만들어냈다. 이제 나는 내 삶의 주인공이자 유일한 책임자로 살아가고 있다. 결국 가장 나다운 선택을 했기에 나는 지금, 내가 원하는 모습으로 서 있을 수 있다.

때로는 그 길이 외롭고 힘겨웠지만, 그 과정 속에서 얻게 된 평안함과 자존감은 무엇과도 바꿀 수 없는 보상이 되었다. 앞으로도 나는 두려움보다 진심을, 안정보다 설레는 불확실함을 택할 것이다. 언젠가 나처럼 흔들리는 길 위에서 선 누군가가 있다면, 그 사람에게 손을 내밀어 이렇게 말하고 싶다.

" 괜찮아. 너의 속도가 조금 느려 보여도 그건 너만의 리듬이야. 너의 길이 남들과 달라도 그 끝에는 분명 너만의 빛나는 순간이 기다리고 있을거야. 그러니 지금처럼 한 걸음씩, 네 마음이 원하는 방향으로 걸어가면 돼. "

그렇게 우리는 각자의 자리에서 서로의 빛이 될 수 있으리라 믿는다.

끝이 아닌 또 다른 시작

선택의 대가, 그리고 배운 것들

장사를 시작한 지 몇 해가 흐르자, 나는 어느 순간부터 자신감 같은 것을 품게 되었다. 손님이 몰리는 시간대, 요일마다 달라지는 매출의 흐름, 발주 타이밍까지 감각적으로 읽어낼 수 있었고, 메뉴별 원가 계산은 손에 익어 있었다.

한때는 매일이 낯설고 버겁기만 했던 일들이 이제는 익숙해졌다. 그래서일까, 마음 한편에 '이제는 좀 알겠다'는 생각이 차올랐다. 마치 오랜 시간 공략집 없이 헤매던 게임에서 드디어 지도를 손에 쥔 듯한 기분이었다.

하지만 그 확신은 오래 가지 않았다. 장사는 나에게 그 어떤 자만도 허락하지 않았다. 장대비가 며칠째 이어지던 날, 매장은 이상할 정도로 조용했고, 홀에는 노래 소리만 울렸다. 전날보다 절반이나 줄어든 매출표를 보며 알 수 없는 불안이 다시 가슴을 파고들었다. 매일 반복되던 손길들이 사라진 빈 의자와 젖은 바닥을 보며, 나는 깨달았다. 장사는 결코 안정되지 않는다는 것을. 어제의 성과가 오늘을 담보하지 않았고, 오늘의 실망이 내일의 답도 아니었다. 하루하루가 여전히 시험이었다.

그 불안 속에서 조금 다른 시선을 얻었다. 숫자만 바라보던 눈이 서서히 사람들의 표정으로 향했다. 비 오는 날 우산을 털며 들어와 국물을 들이켜던 손님의 어깨, 피곤한 하루 끝에 떡볶이 앞에서 잠시 웃음을 되찾던 청년의 얼굴. 매출표의 건조한 숫자보다 더 큰 힘은 그들의 순간적인 표정 속에 있었다. 손님들의 작은 안도와 웃음을 지켜보며, 장사가 단지 돈의 흐름이 아니라 삶의 흐름과 연결되어 있다는 걸 서서히 느끼기 시작했다.

이 길에서 내가 치러야 했던 대가는 언제나 불안이었다. 예상치 못한 매출 하락, 갑작스러운 사고, 알 수 없는 변수가 늘 그림자처럼 따라다녔다. 하지만 그 불안이야말로 나를 계속 움직이게 했다. 불안 때문에 주저앉기보다 하루를 버텨내야 했고, 버티다 보니 조금씩 단단해졌다. 불안은 늘 옆에 있었지만, 동시에 나를 길러내는 스승이기도 했다.

가게를 운영하며 배운 건 특별한 전략이나 기술이 아니었다. 오히려 가장 사소한 태도였다. 손님이 없어도 가게 불은 꺼뜨리지 않는 것, 매출이 줄어도 웃는 얼굴을 지키는 것, 실수하는 직원을 다그치기보다 다시 기회를 주는 것. 거창하지 않지만 이 작은 선택들이 매일의 대가였고, 그 대가를 감당하는 방식이 곧 내 삶의 형태가 되었다.

물론 어떤 날은 모든 게 무의미하게 느껴졌다. 매출표에 적힌 차가운 숫자가 나를 비웃는 듯했고, 텅 빈 의자들이 내 결정을 부정하는 것처럼 보였다. 그러나 시간이 지난 뒤 돌아보면 그 순간조차도 의미가 있었다. 불확실성과 회의가 있었기에 나는 계속 묻고, 다시 고쳐 나가며, 다른 눈을 가질 수 있었다. 장사는 완벽한 답을 요구하는 시험지가 아니었다. 다만 그날그날 성실히 적어 내려가야 하는 서술형 문제에 가까웠다.

매일 가게 문을 열며 나는 같은 질문을 마주한다. "오늘은 어떻게 견뎌낼 것인가." 어떤 날은 힘차게 대답하고, 어떤 날은 그저 작게 고개를 끄덕이는 것으로 답할 뿐이다. 중요한 건 답의 모양이 아니라, 여전히 문을 열고 하루를 이어가는 그 행위 자체였다. 불안은 줄어들지 않았지만, 그 불안을 껴안고 버텨낸 시간들이 쌓이며 나를 지탱했다.

그리고 그 사실만으로도 충분하다. 장사는 나에게 매일의 생존을 묻지만, 나는 그 질문에 멈추지 않고 답을 이어가고 있다. 그 과정이야말로 내가 감당한 선택의 대가이고, 동시에 살아 있다는 증거다.

10년 뒤의 나에게 보내는 편지

 가끔은 상상한다. 십 년 뒤의 내가 지금 이 글을 읽는다면 어떤 표정을 하고 있을까. 피식 웃으며 "그땐 참 젊고 무모했지" 하고 고개를 저을지도 모르고, 아니면 눈가가 조금 젖으며 "그 시절 네가 끝까지 버텨줘서 지금의 내가 있다" 하고 속으로 고마워할지도 모른다. 그때의 나는 어떤 삶을 살고 있을까. 여전히 떡볶이 국물을 휘젓고 있을까, 아니면 전혀 다른 공간에서 새로운 무언가를 만들어가고 있을까. 어느 쪽이든 분명한 건, 지금의 나는 하루를 버티며 조금씩 성장하고 있다는 사실이다.

 지금 나는 하루하루를 버티는 중이다. 가게 문을 열고, 튀김기 온도를 확인하고, 재료를 정리하며 손님을 맞이한다. 겉보기엔 평범한 일상 같지만, 그 속에는 언제나 다른 작은 사건들이 숨어 있다. 점심 피크 타임에는 주문이 쏟아져 정신없이 움직이다가, 뜨거운 기름이 손등에 '툭' 튀어 화상을 입은 적도 있다. 순간 따끔했지만, 행주로 슥 닦아내고 다시 국자를 잡는 일이 이제는 낯설지 않다. 손끝의 작은 상처들 사이로는 여전히 고추장 냄새가 스며들고, 불 앞에서 쏟아지는 땀방울은 어느새 내 하루의 일부가 되어 있었다. 그날 밤 문득 생각했다.

"십 년 뒤에도 나는 이런 하루를 보내고 있을까?"

이상하게도 그 질문이 나를 웃게 만들었다. 나는 본래 주방 체질인지, 고무장갑을 거의 끼지 않고 일했어도 손에 습진 하나 생기지 않았다. 기름이 튀면 그냥 닦아내고, 손목을 털며 다시 불 앞에 서는 게 몸에 밴 습관이 되어버렸다. 십 년이 지나도 이 버릇만큼은 그대로일 것 같다. 어느 날은 단골손님이 계산을 마치고 돌아서며 이렇게 말했다. "사장님, 여기 오래오래 해주세요. 저 여기 없으면 큰일 나요." 그 말 한마디에 괜히 목이 메었다. 순간의 떨림은 아마 십 년 뒤에도 잊히지 않을 것이다. 손님이 떠난 자리엔 따뜻한 공기와 함께 이상하게도 벅찬 감정이 남았다.

그때 깨달았다. 누군가에게 기억된다는 건, 단순히 음식을 잘해서가 아니라 그 공간이 마음속의 작은 안식처가 되었기 때문이라는 걸. 그날 이후 나는 손님들의 말 한마디, 미소 하나에도 더 귀를 기울이게 되었다. "덕분에 기분 좋아졌어요." "오늘따라 유난히 맛있네요." 같은 짧은 말들이 내 하루를 다시 일으켜 세웠다. 통장 잔고보다 그런 말들이 더 오래 남았다. 어쩌면 나는 지금, 떡볶이를 파는 사람이 아니라 '작은 위로를 건네는 사람'으로 살아가고 있는지도 모르겠다.

나는 종종 십 년 뒤의 내 모습을 그려본다. 머리카락에는 흰빛이 조금 더 늘고, 손바닥에는 더 굵은 굳은살이 자리 잡아 있을 것이다. 여전히 같은 국자를 잡고 있을지도, 아니면 또 다른 무언가를 창조하고 있을지도 모른다. 하지만 어떤 모습이든 지금의 내가 버티며 배운 '묵묵함'은 분명 그때의 나를 지탱하고 있을 것이다. 만약 다른 일을 하고 있다면, 지금의 내가 이렇게 전하고 싶다. "그때 네가 버티며 배운 힘이 결국 지금의 너를 만든 거야." 그리고 만약 여전히 이 가게를 지키고 있다면, 그때의 너는 아마 이렇게 말할 것이다. "이 길을 선택한 건 최고의 결정이었다." 어느 쪽이든 후회는 없을 것이다. 왜냐하면 버틴다는 건 단순히 시간을 견디는 게 아니라, 그 과정 속에서 조금씩 달라지고 자라나는 일이라는 걸 이미 배웠으니까. 나는 버티는 동안 성장했고, 꿈의 모양도 조금씩 변해왔다.

오늘은 힘겹다. 매출표에 찍힌 숫자가 마음을 짓누르고, 한가한 가게의 공기가 불안을 키운다. 그래도 나는 문을 닫지 않는다. 불을 켜고, 국자를 들고, 손님을 맞이한다. 이 작은 반복이 모여 십 년 뒤의 나를 만든다는 걸 알기 때문이다. 십 년 뒤의 내가 이 글을 읽고 있다면, 그때의 나는 오늘의 시간을 어떻게 기억할까. 아마도 지쳐 있던 얼굴보다는, 그럼에도 불구하고 문을 열었던 순간들을 먼저 떠올리겠지. 후회 대신 고마움이 조금 더 많기를 바란다.

그러니 앞으로의 내가 어떤 모습으로 살아가고 있든, 지금의 이 기록을 대수롭지 않게 넘기지 않았으면 한다. 오늘의 고단함과 흔들림조차 언젠가 너를 지탱하는 기억이 될 테니까. 그때의 나는 오늘의 나를 기억하며, 이렇게 말해주었으면 좋겠다. "참 잘 버텼어. 그리고 그 버팀이, 너를 여기까지 데려왔어."

나만의 방식으로 살아간다는 것

프랜차이즈 가게라고 하면 흔히 떠올리는 이미지가 있다. 메뉴는 본사에서 정해주고, 가격표도 동일하고, 인테리어마저 복사한 듯 닮아 있다. 손님을 맞이하는 인사조차 매뉴얼이 있어서 모든 지점이 똑같이 들린다. 그 속에 있으면 어느 순간, 각 가게가 다 같은 얼굴을 하고 있는 것처럼 느껴진다. 처음 일을 시작했을 때는 나도 그틀에 맞춰 움직이는 것이 당연하다고 생각했다. 매뉴얼은 지켜야 하는 약속처럼 느껴졌고, 본사에서 보내온 공지는 곧 '법'이었다.

정해진 문구로 인사하고, 동일한 음악을 틀고, 계산대 옆 장식까지 매뉴얼대로 배치했다. 그게 올바른 운영 방식이라고 믿었다. 하지만 시간이 지날수록 의문이 생겼다. '모든 것이 정해져 있어도, 그 안에서 나만의 색을 드러낼 수는 없을까?' 틀을 따른다는 건 결국 안정감을 얻는 대신, 나의 온기를 잃는 일이 아닐까 하는 생각이 들었다. 규칙이 있다고 해서 반드시 개성을 버려야 하는 건 아니었다. 결국 중요한 건 틀을 어떻게 해석하느냐는 거였다.

그래서 나는 아주 작은 것부터 바꾸기 시작했다. 비가 내리는 날이면 음악 볼륨을 살짝 줄였다. 창밖에서 들려오는 빗소리가 그대로 가게 안으로 스며들게 하고 싶었다. 그날의 손님들은 유난히 말이 적다. 조용히 국물을 떠먹는 소리와 빗방울이 유리창을 두드리는 소리가 섞이면, 가게는 마치 다른 시간대에 들어선 것처럼 고요해진다. 그 순간만큼은 떡볶이집이 아니라 작은 쉼터 같다. 바쁜 세상에서 잠시 멈출 수 있는 공간, 그게 내가 만들고 싶었던 분위기였다.

그 고요한 오후, 오랜만에 찾아온 단골손님이 식사를 마치다 고개를 들어 말했다. "못 오는 동안 이 집 음식이 너무 먹고 싶었어요. 다시 오니까 마음이 놓이네요." 그 한마디가 오래 남았다. 단순히 배를 채우는 음식을 넘어서, 나만의 방식이 누군가에게 위로가 된다는 사실을 처음으로 뚜렷하게 느꼈다. 그날 이후로 나는 확신했다. 이 작은 차이들이, 언젠가 이 공간을 '그냥 또 하나의 지점'이 아니라 '나의 가게'로 만들어줄 거라는 걸.

누군가는 이런 차이를 대수롭지 않게 여길지도 모른다. 음악을 줄이는 일, 작은 농담을 건네는 일, 아이와 함께 온 손님에게 주먹밥을 내어드리는 일. 프랜차이즈라는 큰 틀 안에서 보면 보잘것없어 보이는 선택일지도 모른다. 하지만 나는 안다. 그 '별것 아닌 차이'가 손님을 다시 돌아오게 만든다는 것을. 사람들은 맛을 기억하기도 하지만, 그보다 더 오래 기억하는 건 공기의 온도다. 그들이 다시 찾아올 때 "여기 오면 마음이 편해요"라고 말하는 이유도 아마 그 때문일 것이다.

프랜차이즈라는 이름은 겉으로 보기에 모든 것을 동일하게 만들지만, 그 속에서 어떤 숨을 불어넣느냐는 전적으로 나에게 달려 있다. 메뉴는 같아도 내가 담는 태도와 분위기는 다르다. 국물을 뜨는 손의 온도, 주문을 받을 때의 눈빛, 식탁을 닦는 리듬 하나에도 나의 결이 묻어난다. 그 작은 차이들이 쌓여 이곳의 공기를 만들고, 손님의 기억 속에 스며들어 이곳을 '그냥 떡볶이집'이 아니라 '내 가게'로 바꾼다.

결국 나만의 방식으로 산다는 것도 이와 다르지 않다. 세상은 늘 규칙과 틀로 가득하지만, 그 안에서도 자신만의 색을 내는 사람들이 있다. 누군가는 같은 교복을 입고도 자신만의 걸음을 걷고, 누군가는 같은 책상 앞에서도 전혀 다른 꿈을 꾼다. 나에게 떡볶이집은 그런 무대였다. 누가 시키지 않아도, 틀을 무너뜨리려 애쓰지 않아도, 작은 차이를 더해가는 일만으로 충분히 나다운 색을 만들어갈 수 있다는 걸 배웠다.

그래서 오늘도 나는 메뉴판을 바라보며 스스로에게 묻는다. "본사가 정한 규칙 안에서, 나는 오늘 어떤 방식으로 이 하루를 채워갈 것인가." 답은 매번 다르다. 하지만 그 답을 찾기 위해 고민하고, 시도하고, 조금씩 다르게 움직이는 그 과정 자체가 곧 '나만의 방식으로 살아간다'는 의미가 아닐까. 그래서 나는 내일도 다시 문을 열 것이다. 같은 간판 아래에서도, 나만의 공기가 흐르는 하루를 만들기 위해.

가게가 나에게 준 두 번째 이름

이 동네에서 내 본래 이름을 부르는 사람은 이제 거의 없다. 오래된 친구나 가족이 연락할 때나 내 이름이 나오고, 그 외에는 누구든 나를 "사장님"이라고 부른다. 처음 그 소리를 들었을 땐 조금 어색했다. 내가 과연 사장이라고 불릴 만큼 대단한 사람인가 싶었고, 그 두 글자가 괜히 내 어깨를 더 무겁게 짓누르는 것 같았다. 이름 하나에 이렇게 많은 무게가 실릴 줄은 그때까지는 몰랐다.

처음엔 그 이름이 낯선 옷 같았다. 나와는 조금 맞지 않는 옷, 어깨가 끼고 소매가 불편한 옷. 벗어버리고 싶을 때도 있었다. 하지만 매일 입고 움직이다 보니 어느새 그 옷이 내 몸에 맞게 늘어났다. 지금은 다른 옷을 입으면 오히려 허전할 정도다. 그 무게는 여전하지만, 이제는 그 안에서 편안함을 느낀다.

시간이 흐르면서 '사장님'이라는 말은 단순한 호칭이 아니라 나를 증명하는 언어가 되었다. "사장님, 지난번에 추천해주신 메뉴 정말 맛있었어요"라며 환하게 웃는 손님, "오늘은 이상하게 떡볶이가 꼭 먹고 싶어서 왔어요"라며 들어오는 단골의 얼굴. 그런 순간마다 그 부름 속에는 단순한 호칭이 아니라 마음이 담겨 있다는 걸 느꼈다. 그냥 형식적으로 불러보는 말이 아니라, 이 공간에서 나와 손님을 이어주는 짧고 확실한 다리 같았다.

나는 하루 종일 사장님으로 살아간다. 아침에 가게 문을 열고 불을 켜는 순간부터, 마감 후 불을 끄고 홀에 앉아 텅 빈 테이블을 바라보는 시간까지. 직원이 실수하면 그 앞에 먼저 서서 책임을 져야 하고, 손님이 불편함을 느끼면 누구보다 먼저 사과해야 한다. 바쁠 때는 국자를 들고 주방에서 뛰어다니지만, 한가한 시간에는 계산대 앞에서 손님과 이야기를 나누는 사람이 되기도 한다. 때로는 웃음을 주는 얼굴로, 또 때로는 아무도 모르게 뒷정리를 하는 그림자로 하루를 산다.

이 이름이 가볍지 않은 이유는, 그 안에 나 혼자만의 이야기가 담겨 있는 게 아니기 때문이다. 이곳을 찾아온 손님들의 기억과 목소리, 함께 일하는 직원들의 신뢰와 땀이 고스란히 스며 있다. 누군가가 나를 사장님이라고 부르는 건 단순히 내 자리를 지칭하는 게 아니라, 우리가 함께 만든 시간과 관계를 불러내는 일이기도 하다.

집에 돌아와 앞치마를 벗어도 그 이름은 쉽게 지워지지 않는다. 동네 마트에 장을 보러 가도, 길에서 단골을 마주쳐도, 누군가는 여전히 나를 사장님이라고 부른다. 예전엔 낯설게만 느껴졌는데, 이제는 오히려 조금은 따뜻하다. 때때로 내 본명을 잊어버리는 건 아닐까 싶을 정도로 이 이름이 내 삶 깊숙이 스며들었다.

언젠가는 내 본명을 기억하는 사람보다, '사장님'이라고 부르는 사람이 훨씬 많아질지도 모른다. 그래도 괜찮다. 이 두 번째 이름은 내가 원해서 붙은 게 아니라, 내가 걸어온 시간과 선택들이 쌓여 자연스럽게 생긴 것이니까. 그 무게는 결코 가볍지 않다. 하지만 나는 이제 그 무게를 기꺼이 받아들이려 한다.

왜냐하면, 이 이름은 나 혼자 만들어낸 게 아니기 때문이다. 손님들의 웃음, 직원들의 땀, 그리고 내가 쏟아낸 수많은 시간과 마음이 함께 만든 결과다. 그래서 나는 이 이름을 쉽게 벗을 수도, 잊을 수도 없다. 앞으로도 오래도록 이 이름은 나를 따라다닐 것이다. 그리고 그건 곧 내가 살아낸 삶의 증거이고, 이 작은 가게가 내게 준 가장 특별한 선물이기도 하다.

언젠가 가게 문을 닫는 날이 오더라도

가끔은 뜬금없이 그런 생각을 한다.

언젠가 반드시 찾아올 이 가게의 마지막 날.

마지막 손님이 나가고 문이 닫히면, 홀 안은 평소보다 훨씬 더 조용할 것 같다. 의자들을 하나씩 올리고 바닥을 닦으면서도 마음속에서는 분명 수많은 장면이 겹쳐질 것이다. 사람들의 웃음소리, 조리대에서 국자를 저을 때 들리던 일정한 소리, 튀김 기름이 끓으며 내던 지글거림, 환풍기 돌아가는 묵직한 바람. 그리고 그 소리에 맞춰 살아온 내 호흡까지.

그날은 언제일까. 내가 스스로 결정을 내려 가게를 정리할 수도 있고, 어쩌면 예상치 못한 사정이 더 이상 나를 이 자리에 머무르게 하지 않을 수도 있다. 1년 뒤일지, 10년 뒤일지, 혹은 그보다 더 뒤일지, 지금은 알 수 없다. 중요한 건 지금도 여전히 문을 열고 있다는 사실이다.

만약 그날이 오면, 나는 아마 천천히 손길을 멈추지 않고 정리할 것이다. 직접 오려 붙였던 작은 문구들을 떼어내며, 글자 위에 묻어 있던 기름 냄새와 손때가 함께 떨어질 것이다. 계절이 바뀔 때마다 붙였다가 떼어냈던 홍보 포스터도 벽에서 하나하나 내려올 것이다. 벽에는 포스터보다 오래 남아버린 테이프 자국이 겹겹이 쌓여 있을 것이고, 나는 손톱으로 그 자국을 긁으며 괜히 오래 머물 것이다.

주방 쪽으로 가면 손때가 배어 윤기가 반들해진 국자와 냄비가 가장 먼저 눈에 들어올 것이다. 수천 번 국물을 저었던 그 국자, 손잡이 나무결이 반들해지고 까맣게 그을린 냄비들. 박스에 하나하나 담을 때 그 무게는 단순한 쇠붙이가 아니라 내가 보낸 수많은 밤과 땀방울의 무게가 될 것이다.

홀을 둘러보면 손님들의 얼굴이 스쳐간다. 비 오는 날 젖은 옷자락을 털며 들어와 뜨끈한 국물 한 숟가락에 안도하던 사람. 시험을 마치고 와서 친구들과 테이블을 붙여놓고 큰 소리로 웃던 학생들. 혼자 와서 말없이 빈 그릇만 두고 가던 단골. 계산대 앞에서 잠깐 멈춰 "오늘도 덕분에 버텼다"고 말하던 직장인. 배달 봉투에 짧은 손글씨로 "사장님 힘내세요"라고 남겨주던 손님까지. 이런 장면들이야말로 매출표에는 찍히지 않지만, 내 마음에 깊이 새겨졌다.

직원들과의 기억도 또렷하다. 서툴러서 주문을 틀리고 눈치를 보던 고등학생 알바. 그래도 다시 해보겠다고 울음을 참고 웃던 아이. 바쁜 저녁 피크에 땀을 뻘뻘 흘리며 주방을 혼자 맡겠다며 분주하게 움직이던 젊은 직원. 마감 후 남은 음식을 한데 모아 쟁반에 올리고 다 같이 둘러앉아 먹으며 깔깔대던 밤. 스케줄표에 남아 있던 연필 흔적, 게시판에 꽂힌 회식 사진, 서로의 사정을 이해하며 교대 시간을 바꿔주던 대화. 이 모든 것이 단순히 '함께 일한 시간'이 아니라 나를 버티게 한 울타리였다.

가게 구석구석도 세월을 품고 있다. 주방 타일 틈새에 스며든 빨간 양념 자국, 모서리가 뜯겨나간 메뉴판, 수없이 켰다 껐다 했던 전등 스위치의 바랜 색, 계산대 서랍 구석에서 뒹구는 100원짜리 동전과 볼펜. 출입문 안쪽에 덧대진 영업시간 안내 스티커, 포스터를 떼며 남은 테이프 자국. 평소엔 아무렇지 않게 지나쳤지만 마지막을 상상하면 그 모든 흔적이 더 선명해진다.

나는 언젠가 그 모든 흔적을 하나하나 정리하게 될 것이다. 하지만 지금은 여전히 문을 열고, 국자를 잡고, 손님을 맞는다. 그래서 가끔 마지막을 떠올리더라도, 결국 오늘로 돌아온다. 오늘 들어오는 손님을 웃으며 맞이하고, 오늘 남은 그릇을 닦고, 오늘 냉장고에 재료를 채운다.

마지막 날은 언젠가 온다. 하지만 그날이 언제가 되든 나는 알 것이다. 이 가게에서 보낸 시간이 단순한 장사가 아니라, 내 삶을 단단하게 만든 과정이었다는 것을. 그리고 문을 닫는 그 순간, 내 마음을 채우는 건 슬픔보다 감사에 가까울 것이라는 걸.

오늘도, 다시 출근

아침마다 같은 길을 걷지만, 그 길 위에서 드는 생각은 늘 다르다. 골목 어귀에 어제 본 전단지가 그대로 있을 때도 있고, 편의점 앞에는 새로운 행사 포스터가 붙어 있기도 하다. 늘 지나던 길이지만, 하루의 시작은 결코 같지 않다. 공기의 온도, 햇빛의 각도, 내 마음의 무게가 그날의 풍경을 매번 다르게 만든다. 출근길은 그래서 단순한 이동이 아니다. 그것은 스스로에게 묻는 시간이다. "오늘 하루는 어떻게 채워질까. 나는 오늘도 잘 버틸 수 있을까." 그 짧은 질문 속에 나를 다시 다잡는 힘이 숨어 있다.

가게 문을 열고 불을 켜는 순간, 나는 다시 '사장님'이 된다. 그 순간부터는 내 개인의 피곤이나 감정보다 손님들의 하루가 우선된다. 어떤 손님은 늦은 아침을 해결하기 위해, 또 어떤 손님은 학교 가는 길에 잠깐 들러 떡볶이 한 접시로 허기를 달래기 위해 이 문을 연다.

누군가에겐 그냥 한 끼의 식사일 수도 있지만, 또 누군가에겐 하루의 첫 위로이자 가장 따뜻한 쉼일 수도 있다. 나는 그 경계를 모른다. 그래서 모든 접시에 같은 마음을 담으려 애쓴다. 뜨거운 국물 위로 올라오는 김처럼, 내 하루도 그렇게 천천히 퍼져 나간다.

낮이 되면 가게는 분주해진다. 주문을 받고, 음식을 내고, 계산을 하고, 또 다음 주문으로 이어진다. 반복되는 일상 같지만, 그 안에는 결코 같은 순간이 없다. 매운 음식을 잘 못 먹는다던 손님이 조심스럽게 국물을 뜨다 끝내 그릇을 비우고 웃을 때, 혼자 앉아 휴대폰만 보던 손님이 계산대 앞에서 작은 목소리로 "잘 먹었습니다"라고 건넬 때, 그 짧은 순간들이 하루의 피로를 덜어주는 변주처럼 다가온다. 그 작은 차이들이 나를 다시 움직이게 한다.

가끔은 그런 생각도 든다. 내가 음식을 만드는 게 아니라, 사람들의 하루 한 조각을 만드는 건 아닐까. 누군가는 데이트 중에, 누군가는 친구와 수다를 떨며, 또 누군가는 혼자서 조용히 내 음식을 먹는다. 그들의 대화와 웃음, 혹은 잠깐의 정적 속에 내가 스며 있다. 그 사실이 내 손끝을 다시 뜨겁게 만든다.

저녁이 되면 하루의 무게가 조금씩 쌓여온다. 직장에서 퇴근한 얼굴들, 가족끼리 모여 앉은 풍경, 연인이 나란히 앉아 작은 웃음을 나누는 모습. 테이블마다 온도가 다르고, 나는 그 사이를 오가며 물컵을 채우고 음식을 확인한다. 어떤 손님은 조용히 식사만 하고 나가지만, 어떤 손님은 "이 집은 올 때마다 기분이 좋아져요"라며 말을 건넨다. 그 한마디에 다시 힘이 난다. 이상하게도 그 말은 커피 한 잔보다 오래 간다. 피로가 스르르 녹아내리는 기분이 든다. 불을 모두 끄고 난 뒤, 텅 빈 가게를 한참 바라본다.

낮 동안 수없이 오갔던 소리와 발걸음은 사라졌지만, 여전히 공간 안에는 사람들의 웃음과 대화, 그리고 내가 삼킨 생각들이 묻어 있다. 유리문 밖으로는 차가운 밤공기가 흐르고, 안쪽에는 하루 종일 쌓인 온기가 남아 있다. 그 대비가 내 마음을 붙든다. 오늘도 무사히 보냈다는 안도와, 내일은 또 어떤 하루가 기다릴까 하는 설렘이 묘하게 뒤섞인다.

출근은 단순히 문을 열고 불을 켜는 행위가 아니다. 그것은 내가 하루를 견디겠다고 다시 선택하는 일이다. 손님이 어떤 얼굴로 들어올지, 어떤 대화가 오갈지, 어떤 작은 실수와 성취가 있을지 알 수 없지만, 그 모든 것이 쌓여 오늘의 나를 만든다. 그게 바로 이 가게에서 버텨온 시간의 의미다.

그래서 내일 아침에도 다시 셔터를 올릴 것이다. 같은 골목을 걸어 들어와 같은 자리에 서지만, 오늘과는 또 다른 하루가 기다리고 있을 테니까. 이 반복이 지겹지 않은 이유는, 그 속에 언제나 다시는 돌아오지 않을 단 한 번의 날들이 숨어 있기 때문이다. 오늘을 버텼으니 내일도 버틸 수 있다. 그 믿음 하나가 나를 움직인다. 그래서 나는 내일도, 그리고 그다음 날에도 주저하지 않고 이 문을 열 것이다. 오늘도, 그리고 내일도. 나는 다시 출근한다.

에필로그

삶은 때로 긴 여행과도 같다고 생각한다. 목적지를 정하지 않은 채 무작정 떠난 길 위에서 예상치 못한 풍경을 마주하며 걸어가는 것처럼 말이다. 어린 시절의 나는 미래에 대해 어떤 명확한 계획도 없었고, 삶은 내게 정해진 길이나 목표를 제시하지 않았다. 늘 불안하고 흔들렸으며, 세상은 자주 나에게 차갑고 냉정했다. 하지만 그런 순간들이 나를 여기까지 이끌어 준 힘이었다.

지금의 내가 존재할 수 있는 이유는 바로 그 불확실함과 불안함 덕분이다. 단단한 길 위에서 걷기보다는, 울퉁불퉁하고 가끔씩은 넘어지기도 하는 길 위에서 스스로의 발로 일어나 다시 걷는 법을 배웠다. 넘어졌던 자리에는 상처가 아니라, 삶을 헤쳐온 흔적이 선명히 새겨졌다.

누군가는 인생을 성공과 실패로 나누며, 뚜렷한 성과나 결과물로 삶의 가치를 평가하려 할 것이다. 하지만 나는 이제 안다. 삶에서 가장 중요한 것은 성공이 아니라, 매 순간 내린 선택들이 결국 나를 '나다운 사람'으로 만들어 간다는 것을 말이다. 이제는 확신할 수 있다. 세상이 정해준 정답보다 내 마음이 이끄는 길 위에서 한 선택들이, 가장 진정한 내 삶을 만들어 왔음을.

떡볶이집에서 만났던 수많은 사람들과 나눈 이야기들은 여전히 내 기억 속에 살아 숨 쉰다. 그들은 내가 특별한 존재가 아니라, 그저 나 자신으로 존재할 때 진심으로 다가와 줬다. 작은 떡볶이집에서의 하루하루는 화려한 성공과는 거리가 멀었지만, 그 공간에서 나는 진짜 살아있음을 느낄 수 있었다.

이 책을 통해 나의 삶을 돌이켜보며, 나는 다시 한번 내 삶의 의미를 되새긴다. 내가 살아온 길 위의 모든 순간이 소중했고, 그 순간들 덕분에 나는 지금 여기 서 있다. 세상의 기준이나 타인의 평가가 아니라 내 안의 목소리를 따라 걷는 삶을 선택한 것이 결코 잘못된 선택이 아니었다는 것을 깨달았다.

지금까지의 여정은 끝이 아니라, 또 다른 시작일 것이다. 나는 앞으로도 때로는 흔들리고, 때로는 불안할 것이다. 하지만 더 이상 두렵지 않다. 나다운 삶을 살아가는 것이 어떤 것인지 이미 알게 되었으니까. 그리고 내 이야기가 누군가에게 작은 위로와 용기가 된다면, 그것만으로도 나의 삶은 충분히 의미 있고 아름다운 것이라 생각한다.

이제 나는 다시 길을 나선다. 어떤 미래가 기다리고 있을지는 모르지만, 한 가지는 분명하다. 가장 나다운 삶을 선택하는 한, 그 길 위에서 나는 언제나 가장 행복하고 자유로울 것이라는 것을 말이다.

서툰 삶도 삶이니까
ⓒ 박아름, 2025

초판 1쇄 발행 | 2025년 10월 30일

지은이	| 박아름
디자인	| 딸기포마 (Instagram: @pokkimano)
펴낸곳	| 이상한빛
ISBN	| 979-11-990749-5-8
작가 메일	| 7par@naver.com
펴낸곳 메일	| isanghanbit@gmail.com

- 가격은 뒤표지에 있습니다.
- 이 책은 저작권법에 의하여 보호를 받는 저작물이므로 무단 전재와 복제를 금합니다.
- 파본은 구입하신 서점에서 교환해 드립니다.